·升级版·

三步打造你的个人品牌

基础卷

（美）布伦达·本斯（Brenda Bence）◎著

王海若◎译

中国致公出版社

——China Zhigong Press——

图书在版编目（CIP）数据

三步打造你的个人品牌. 基础卷：升级版 /（美）本斯
（Bence，B.S.）著；王海若译. —北京：中国致公出版
社，2017

ISBN 978-7-5145-1071-3

Ⅰ. ①三… Ⅱ. ①本… ②王… Ⅲ. ①职业选择
Ⅳ. ①C913.2

中国版本图书馆CIP数据核字（2017）第221652号

How YOU™ Are Like Shampoo
Copyright © 2008 by Brenda S. Bence
Published by Global Insight Communications LLC
Simplified Chinese rights arranged through CA-LINK International LLC
(www.ca-link.com)

三步打造你的个人品牌. 基础卷（升级版）
（美）布伦达·本斯（Brenda Bence）　著　　王海若　译

责任编辑：何江鸿
责任印制：岳　珍

出版发行：中国致公出版社 China Zhigong Press
地　　址：北京市海淀区翠微路2号院科贸楼
邮　　编：100036
电　　话：010-85869872（发行部）
经　　销：全国新华书店
印　　刷：北京温林源印刷有限公司
开　　本：650毫米×960毫米　1/16
印　　张：15.5
字　　数：187千字
版　　次：2017年9月第1版　　2017年9月第1次印刷
京权图字：01-2013-8702

定　　价：45.00元

《三步打造你的个人品牌》的全球美誉

"《三步打造你的个人品牌》是我见过的唯一一本指导你安全、无差错地在工作中定义和建立个人品牌的书。本斯的个人品牌系统把你从现在的样子变成你想要的样子。终于有人把个人品牌的建设简单地讲出来了！"

——美国友邦保险有限公司执行副总裁兼总经理
托马斯·怀特

"我过去一直以为品牌建设就是集中于一个事物的精髓——不管是针对产品、公司还是国家——以真正理解受众者观点的方式，将其传达出去，这样你所说的对他们而言才具有实质性的吸引力。如果我这么多年来的理解还有一点正确的话，为什么这个方法不能用于作为个人的你——或者说你——呢？这是如此简单却又强大的想法。我真希望自己早就想到了！"

——奥美集团亚太区副主席
蒂姆·艾萨克

"今天竞争的市场要求每个人找到自己的利基——对产品来讲是这样的，对人来讲也是这样的。获得成功唯一的方法就是建立一个可信赖的、被人记得的关系，品牌就是我们留在受众头脑中的方法。《三步打造你的个人品牌》以非常友善、不说废话的方式教人们如何做到这一点。"

——箭牌股份有限公司、全球新创企业董事总经理
朱利亚·塔特希尔·马利根

"作为企业的营销者，布伦达·本斯在全球创立了成功的企业品牌。现在她告诉你如何把自己的个人品牌打造得同样成功。她对于个人品牌直截了当的解说能保证你不论在何种环境中竞争，都能鹤立鸡群。"

——李奥贝纳广告公司大中华区首席执行官
迈克尔·伍德

"我总是发现我们面试时给人印象最深刻的候选人很清晰地知道他们是谁，他们想要什么（包括生活中和事业中），以及他们要去哪里。打造和传播个人品牌的人不仅在换工作和职业的时候会获得更大成功，更重要的是在他们现有的单位里承担新的角色和职责时获得更大成功。《三步打造你的个人品牌》中所分享的强大的个人品牌系统能够使读者做到这一点——通过个人品牌获得成功。强力推荐！"

——海德思哲国际咨询公司执行合伙人
查尔斯·穆尔

"正如布伦达指导客户时所遵循的过程一样，《三步打造你的个人品牌》中的简单步骤展现给读者一个不可思议的体系，帮助你定义、传播和掌控自己的生活和事业。通读这本书就好像布伦达坐在对面，指导你定义自己的品牌，掌控日常活动，帮助你在追逐梦想中实现自己的品牌。布伦达使你能够信任和尊重自己，用你自己独特的品牌感染世界和他人，确保长期的成功。"

——国际教练联盟大师资格教练
约瑟芬·汤普森

"如果你正在寻找一种在单位中拔尖的方法，这本书会给你一个积极定位自我的蓝图。本斯的书不仅能帮你准确地找到和定义个人品牌，而且能够帮助你将其有效地进行传播，获得工作和事业上更大的成功。"

——认证管理顾问、认证演讲顾问、战略业务未来学家
《如何成为最佳雇主》作者乔伊斯·L.吉奥亚

"现在你可以利用大企业创造成功品牌的方法把自己打造成一个赢家。在《三步打造你的个人品牌》中，布伦达·本斯不仅分享了作为战略营销者的品牌经验和技巧，同样也展现了作为成功的教练的才能。这本书会帮助你创造你自己独特的品牌。现在就读吧！它会帮助你在职业和个人方面达到最佳状态。将课程付诸实践和成长的同时，你会玩得开心。"

——商业发展网络国际有限公司创始人兼总裁
理查德·车尔尼亚夫斯基

"《三步打造你的个人品牌》见解深刻、富有智慧，是获得事业成功的权威指导。本斯揭开了个人品牌神秘的面纱，将其带入真实的世界之中。对于想要完全挖掘自身潜力的人来说，这本书是一个很好的礼物。"

——职业演讲者，《谈话的艺术》与《正式交谈的艺术》
作者德布拉·法恩

"布伦达使用了与多年来成功打造品牌相同的原则，使得每一个人在职场都能够打造成功的个人品牌。不管是在财富500强还是行业500强工作，这都应该成为企业职员的必读书！"

——行家大腕咨询和营销公司创始人兼首席执行官
佩奇·阿诺夫-芬恩

"在《三步打造你的个人品牌》中，本斯将个人品牌打造

提到一个新的高度。她以企业品牌打造者熟练的策略，一步步向你展示如何打造一个能够给你带来更多钱、更多认可、更好职位、更好事业的品牌。重点推荐阅读！"

——雪佛龙泰国首席执行官兼总经理
史蒂夫·格林

"如果你按照《三步打造你的个人品牌》的步骤做事，你就一定会卓尔不群。书中的观点和步骤帮助你定义和成功传播你的个人品牌。在企业的环境中，这是成功的关键。"

——嘉智公司董事长
道格·拉思

"布伦达·本斯为你提供了建立最重要的品牌——你自己的个人品牌——的理论和实际应用。她专业而周全的阐释非常吸引人。随着你阅读、研究、贯彻她的观点，毫无疑问，你会提升你的事业和生活。她是一个品牌专家，你建立自己的品牌时听从她的意见是很有趣的。"

——第一威斯康星信托公司(现在是美国银行)已退休主席兼首席执行官
布莱恩·里克

"我作为广告总监，与品牌原则打交道多年，却从未看到有人将其整理为这样一个个人品牌系统。这个体系如此清晰而全面。在读本斯的《三步打造你的个人品牌》时，你会理解如何使用营销人员创造企业品牌的策略，只是这回是用在你自己的身上。这样做时，你会创造一个强大的个人品牌，帮助你作为个人进行自我提升……以及影响其他人看你的方式。"

——萨奇广告公司亚太地区总监
休·戈弗雷博士

献给丹尼尔

（我最忠诚于这个品牌）

他是我的北

我的南

我的东

我的西

目录

步骤一：定义它

步骤二：传播它

步骤三：避免破坏它

序

　　尽管我在宝洁受过作为营销者的经典培训，但是我一直都喜欢简洁。在评价一个品牌的时候，我会用我所称之为真实消费者的方法。在认真研究数字、表格、幻灯片之前，我会像"真正的老板"——消费者——那样来评价一个品牌。我会看包装。我会闻香水。我会试用产品。我会看广告。

　　1995年11月，我成为宝洁波兰新上任的营销总监，从摩洛哥的卡萨布兰卡飞到寒冷的波兰华沙，下飞机的时候就是抱着这种想法。当我从消费者的视角审视我们的品牌时，有些地方我不喜欢，有些地方说不清是不是喜欢，有些地方非常喜欢。

　　有一个品牌非常引人注目，与其邂逅仿佛昨天。那是一个叫作维则尔的当地洗衣粉品牌——它是效仿宝洁著名的汰渍品牌建立的，但是非常有欧洲和波兰的味道。它的包装明快、干净、吸引人。它当时的广告棒极了。我还记得那个广告片的名字——"艾妮亚的衬衫"。里面充满了洞察力和情感，很好地传达出产品的特色。这个广告片会说服你买维则尔，因为没有别的产品能做得更好……任何一个好妈妈都会买它的！我立刻意识到了，领导这个品牌的人是不一般的品牌缔造者。

　　我很快找到了从零开始缔造这个品牌的人的名字。那个非凡的品牌缔造者是布伦达·本斯。

　　我不会说布伦达为我工作。我会说布伦达和我一起工作。在商业和个人生活方面，她有着来自全世界的广泛经验。她不

1

仅是非常好的营销者，还是杰出的战略家和贴心的心理学家，这是她出色的辅导技巧的基础。她还是有天分的演讲者和培训师，有本事把复杂的想法简单、清楚地表达出来。我们互相学习。

布伦达和我一直在波兰密切合作，直到20世纪90年代后期她升职，调到亚洲工作。她在中国为几个重要品牌工作。我们多年以来一直保持着密切的联系，看到她一直不断地成功，不光是在宝洁内部，她之后在百时美施贵宝做国际营销副总裁，之后又很活跃地为许多龙头企业做品牌顾问和培训师，我既感到骄傲又肆无忌惮地快乐。

让布伦达把市场营销能力和训练以及帮助人们成长的热情结合起来吧！结果就是布伦达在《三步打造你的个人品牌》这本书中展现和描述出的，循序渐进的个人品牌系统。我一边翻页，一边频频微笑，心里说："布伦达，你说得太对了！"

我一边读，一边回想着多年工作中接触过的最棒的一些人。毫无疑问：最棒的都是有活力的个人品牌。他们充分发挥各自的优势。他们了解受众。他们对自己支持什么明确无误。他们在沟通时清晰连贯。他们也足够精明，能够避免抹杀一生努力的失误。

这不是专门为营销者写的书。这不是专门为快速消费品行业从行人员写的书。这不是专门为读工商管理学硕士的人写的书，也不是专门为商人写的书。

在我看来，这是为任何人写的书。是的，任何人！任何知道时间飞逝，并想最大限度发掘自己，发掘自己的生活和事业的人。任何想要有一天反思所有这些然后说出这样的话的人："该死，我把我所有的东西发挥到最好，我达到了，我爱这每一天，我为所做的事感到无比骄傲！"

这可能是**你**。布伦达有这样的计划，在接下来的书中，她会告诉你如何做到。维则尔这个小品牌遵循的一些原则不仅在1995年11月给我留下深刻印象，而且最终成了波兰社会的标志。布伦达在本书中的计划遵循的是相同的原则。今天，维则尔以2∶1的比例成为市场领导，拥有空前的市值，人们一提到很强的波兰品牌时，必然会提到它。这就是人们所说的"空谈不如实践"。在布伦达·本斯贯穿全书的指导和辅导下，这也是你能为自己创造的一个遗产。

阅读快乐，个人品牌建设快乐！

菲律宾宝洁总裁兼总经理

詹姆斯·M.拉弗蒂

于菲律宾马尼拉

前言

我非常有幸曾在60多个国家生活、工作和访问过。因此，我曾经遇见过数千名全球各行各业的人士。我逐渐认识到有这样一个真理：从根本上来说我们都是一样的。最终我们都想要相同的东西：有一个好的营生，享受我们的工作，保持健康，有幸福的家庭生活，享受有意义的友谊，最终在某些方面做得与众不同。

那么，如果我们都是一样的，为什么我要写一本关于个人品牌的书呢？因为尽管我们在根本上都是相同的，但是我们每一个人都有自己独特的基因、天分和才能。这有点自相矛盾，是么？我们都是相同的，然而，我们又是独特的。是我们每个人要学会如何使用我们独特的天分和才能让我们的生活和事业达到最好——在世界上做出我们希望的与众不同。这就是个人品牌起的作用。

你有没有听说过连环杀手？嗯，你可以认为我是一个"连环品牌人"——我就是没法停止打造品牌！我曾经作为企业营销者为宝洁和百时美施贵宝在四大洲工作，我非常幸运管理过许多知名品牌，如潘婷、海飞丝、维达沙宣、碧浪、奇尔、美赞臣。我使用企业营销者常年打造和传播品牌的权威过程和框架，花了多年时间在全世界定义、发布和建设品牌。

你可能都不知道有这样一个过程存在，但是相信我：大品牌不是偶然成为大品牌的！正是因为好的战略营销者贯彻了这个过程，这些品牌才赚了百万。

也正是因为这个过程，成功的品牌在经济的盛衰中持续生存和繁荣。

几年前，我开始积极地指导人们达到目标、发展个人品牌时，我尝试着将企业品牌的原则运用到个人品牌上。我提炼出企业营销者使用的元素和框架，进行调整以适应个人品牌，这样我们——作为个体——可以像成功的企业品牌在市场中繁荣一样，在事业上兴旺发达。久而久之，我逐渐完善这个方法，直到其演化成本书中所分享的独特的个人品牌系统——这个体系带领你一步一步又一步走过建立个人品牌的过程，帮助你打造并有效地传播**你**。是的，打上商标的**你**。

今天，你——或者说**你**——可以在工作和生活中运用企业营销者常年使用、建立的极其成功的企业品牌的体系。现在你明白了"三步打造**你**的个人品牌"么？正如企业营销者使用这个权威过程建立像潘婷、维达沙宣、海飞丝这样的超级品牌一样，你一样可以建立**你**这个品牌。

揭开个人品牌神秘的面纱

自从个人品牌在10多年前出现后，几本书写过这个主题。我尝试在《三步打造你的个人品牌》这本书中做的是给你一个涉及个人品牌方方面面的完整系统。本书超越了个人品牌理论，告诉你在每日的工作中如何实际、切实地进行应用。我希望本书将：

- 通过成功地建立个人品牌，使你获得力量。
- 扩大你的视野，知道自己能够取得什么样的成就。
- 在你的生活中给你更大的机遇。
- 给你带来你一直想要却不知道如何取得的事业成功。
- 让你口袋里有更多钱。

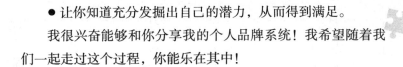

● 让你知道充分发掘出自己的潜力，从而得到满足。

我很兴奋能够和你分享我的个人品牌系统！我希望随着我们一起走过这个过程，你能乐在其中！

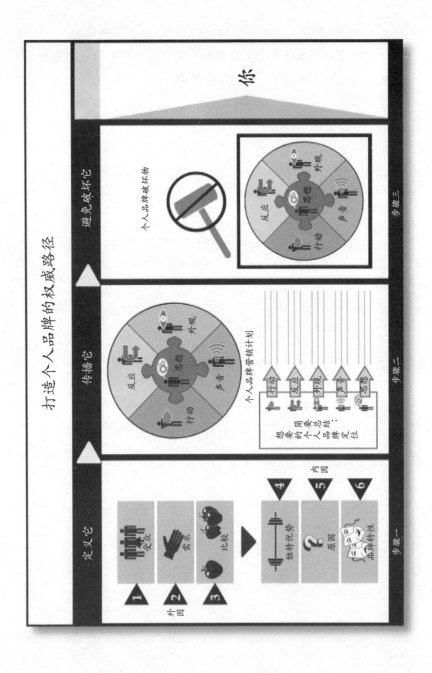

打造个人品牌的权威威路径

定义它 | **传播它** | **避免破坏它**

步骤一 (定义它)

1. 受众
2. 需求
3. 比较

外因

4. 独特优势
5. 原因
6. 品牌特性

内因

步骤二 (传播它)

思想 / 外观 / 声音 / 行动 / 反应

个人品牌营销计划

想要的个人品牌定位

思想 / 声音 / 外观 / 反应 / 行动

步骤三 (避免破坏它)

个人品牌破坏物

外观 / 声音 / 思想 / 行动 / 反应

你

引言

三步打造你的个人品牌

> "这个工作我要做10年，（但是）我真的不太喜欢这个工作。之后我要做的工作是……"我听到有人这么说总是很担心。这有点儿像等到老了再开始做爱一样。"
>
> ——伯克希尔·哈撒韦公司董事长沃伦·巴菲特

数据显示当今有75%的人对现有的工作不满意。你想象得出么？我们一生平均有1/3的时间花在工作上，而我们中有75%的人在工作的时候不高兴。因为我们一生中还有1/3的时间是睡过去的，那就意味着我们醒着的一大部分时间都是痛苦的！那是什么样的人生啊？

如果你就是一个觉得工作没有想象中那样满意的人，定义你的个人品牌能够帮助你再次开始享受你的工作。一旦定义好工作中的角色，清楚想要达到的目标——这就是个人品牌的内容——你就能赋予工作新的意义。知道**你**是谁，这在早上闹钟响起的时候能够帮助你赶走呻吟。是的，你在工作中可以快乐、满足、上进。

当你开始把工作看成是建立个人品牌的机会时，你就开始把事业中的每一分钟变得有意义了。这为工作带来新的活力和目的。有人问起你是做什么工作时，你能够充满热情地回答这

9

个问题。

作家和励志演说家尼度·库比恩曾经说过："生活不是想要什么给你什么；是应得什么给你什么。"那么，你关注的焦点是你会得到什么，对吗？换句话说，如果你想要更好的事业和更满意的职业生涯，那完全取决于你。如果你不做出努力，就什么也不能实现。工作中的成功**是**你所掌控的，这种掌控的很大一部分基础是，学会如何控制你的个人品牌。

但是，定义你的个人品牌只是这个过程中的第一步。如果定义完个人品牌，把它放到抽屉里，继续原地踏步，那定义品牌就没有任何意义。不行，你需要一张路线图帮助你向别人传播你的个人品牌，使它能够很好地服务于你。你需要很确切地学会如何因个人品牌而被人**熟知**。这就是如何达到个人目标。这就是如何改善职业生涯。这就是把握事业的方向盘，将车开到你想去的地方。

你是否知道你已经有了个人品牌？

我对个人和公司讲起个人品牌这个话题时，偶尔会有人说："哦，这听起来挺有趣的，但是不用，谢谢。我对自我推销不感兴趣。我没有——也不想要——个人品牌。"就在这时，我会向他们宣布消息：每个人都已经有了个人品牌。

是的，的确是这样的。你不需要坐下来考虑一下你的个人品牌，你已经有一个了。在职场中，就是通过做你自己，你就有了个人品牌。问题是，你是否拥有一个你想要的个人品牌。如果你有意识地打造个人品牌，而不是顺其自然，那么**你**是否能够将**你**的潜力完全发挥？

事实是，如果你不掌控个人品牌，对于你想如何被人熟知不做出有意识的决策，那么你留下的印象可能会对成功有所损害。

许多年前，一个非常有名的人经过困难发现，他的个人品牌完全不是自己所想要的。19世纪晚期，艾尔弗雷德·诺贝尔是非常成功和富有的瑞典实业家。他独自享有两项发明：炸药和雷管。雷管是能在远处引爆炸药的装置。他用这些发明赚了几百万，过着百万富翁的精彩生活。他的哥哥路德维希·诺贝尔是一个知名富商，卒于1888年。但是，在第二天的报纸中出现的讣告弄串了，出现的是艾尔弗雷德的讣告，不是路德维希的。于是，艾尔弗雷德·诺贝尔有了罕见的机会，打开早上的报纸，读到了自己的人生故事。你能想象到那会是多么有冲击力么？

　　但是艾尔弗雷德读到自己的讣告时，一定打了个寒战。因为艾尔弗雷德发明了炸药和雷管，报纸管他叫作"死亡商人"。就在那一刻，他意识到了他所做的事情会永远将他的个人品牌和死亡联系到一起——除非他采取主动，做出弥补。

　　因此，他决定改变自己的个人品牌。他做出计划，为他真正关心的三件事情设立诺贝尔奖——和平、文学和科学。到了1895年他逝世的时候，他将自己的百万财产留下用于建立这些奖项。他不想让自己的名字"诺贝尔"代表破坏和死亡。看看现在诺贝尔这个名字代表什么吧——文学、科学和和平中的最高奖项。

　　你肯定听说过诺贝尔奖，是吧？但是你可能不知道诺贝尔生平做过的其他事情。那是因为艾尔弗雷德·诺贝尔成功地改变了个人品牌，这样他的名字就能够代表他想要代表的东西。正如作家卡尔·巴德所说："尽管没有人能退回去，重新来一个崭新的开始，但是任何人都能够从现在开始，获得崭新的结尾。"

我的个人品牌系统

　　那么，这是一个现实：你已经有了个人品牌。你可能还不知道如何去管理它。本书，《三步打造你的个人品牌》，是一本指导你通过个人品牌获得成功的自助、无废话的指南。它简明、易懂、行之有效。我希望随着你的阅读，当你把自己想成是一个独特的个人品牌时，会情不自禁地发出"啊哈！"的感叹。我希望你会看到使用个人品牌能够对你的事业产生实实在在的改变，使你收入增加，对工作满意，事业进步。

我构思了《三步打造你的个人品牌》。让发现个人品牌并让其为你服务不用再猜测。这完全是实际应用。通过练习和工作表中创新、权威的一步步的过程，你将定义：

● 你现有的个人品牌——现在已经起作用的个人品牌（想想诺贝尔和炸药）；

● 你想要的个人品牌——为了实现你的目标需要开发的个人品牌（想想诺贝尔和诺贝尔奖）。

通过对比你现有的和想要的个人品牌，你会确切地看到你要做哪些调整，练习会帮助你弥补现在的状况和想要达到状况之间的差距。

最重要的是，你想要的个人品牌不会仅仅是停留在你头脑中的美好想法。你将学会将其传播给他人与应用在工作中的具体方式。我们将一起：

● 使用模仿自企业品牌6个核心元素的个人品牌定位报表模板，定义你现有的和未来的个人品牌。

● 通过个人品牌营销计划传播你想要的个人品牌，这能够帮助你有效地控制每天能够产生影响的个人品牌5项活动。

● 吸取他人错误的教训。这是这个系统最独特、最有趣的部分——个人品牌破坏物。在建立个人品牌的过程中，这会帮你绕过常见的陷阱。换句话说，你会在遇到陷阱前知道要提防什么！

在第8页上，我们使用了一个叫作"打造个人品牌的权威路径"的图表，它就像一张地图一样，解释了个人品牌系统的每一步骤。如果现在你还不明白它有什么意义，不要担心。它会有意义的——我保证！

你也会在以下三个月、六个月和未来的时间获得实实在在的工具，帮助你检查你想要的个人品牌系统的发展情况。你会找到一些方法评估进步、保证个人品牌随着个人事业的进展保持在正轨并发展。

输入等于输出

《三步打造你的个人品牌》是一个互动的、以行动为导向的体验。但是你的个人品牌不会不劳而获地给你用银盘子端上来。我可以向你保证：

在定义和传播你的个人品牌时，你投入多少就会产出多少。在个人品牌上投入的时间和精力越多，你获得的结果就会越快越好。

因此，我鼓励你真正花些时间思考一下书中的练习和表格。我强烈建议你不要匆匆读一遍本书，心想之后回过头来再做练习。你应该多花些时间把每一章节读透，然后再读下一部分。这样，当你翻过最后一页时，你会真正做好准备来掌控你的个人品牌。

准备好随着你掌控个人品牌，成为**你**的品牌经理而感到强大吧。我们一起来发现**你**如何能为你服务！

"这是我们卖得最好的牌子！"

1

品牌的力量

> 必杀技（也就是，品牌）在于将你创造的无形价值变为有形。品牌是信任。
>
> ——《品牌》周刊

在2001年，《时代周刊》报道称美国人平均一天看到3000个品牌。哇！我第一次读到这个数据的时候，感觉难以置信。但是我怀疑这个数字——现在几乎可以肯定比那时还要大——应该适用于全世界任何一个大城市中工作或生活的人。的确，当我走在街上时，证据就在我面前，看着那么多的符号……当我从曼谷的家开车到机场时，数百个广告牌排成行……当我走在伦敦超市的走廊里，数不清的品牌向下窥视着我。

想想这个。你今天在产品标签上、公共汽车车身上、计程车顶上、报纸里看到了多少个品牌？你看到哪里，品牌名都尖叫着吸引你的注意。我们面对现实吧：品牌无处不在，成为我们现代日常生活的一部分，而我们可能都没有想到它们。

但是如果你像大多数人一样，在你每天邂逅的3000个品牌中，你会在一生中至少忠实于一到两个品牌。你忠实于一个最喜爱的品牌吗？你会觉得比如穿阿迪达斯网球鞋以外的品牌，或者换掉你最喜欢的番茄沙司的品牌是不可想象的吗？为什么？你最喜欢的品牌有什么样的诱惑力？

什么是它能给你而别的品牌给不了的？好的品牌会让消费者建立强烈的忠诚。

品牌也可以很大、很有影响力。举个可口可乐的例子。该公司每年销售产品约150亿美元——每月超过10亿美元。在撰写本书时，这已经超过了全世界86个国家的国内生产总值。它为何这么强大？

不可触摸

那么，我们到现在为止都知道什么了？我们知道品牌无处不在，它们能够在我们中间引起高度的忠实，它们很大、很有影响。有没有想问为什么我觉得品牌很吸引人呢？

品牌更令人惊异的是它们有那么大的力量和影响，但是……你无法触摸一个品牌。是真的！你能闻到星巴克咖啡的香味，你能在口中咬开曼妥思时，舌头感受到汁液的喷出，你可以听到诺基亚手机铃声，你可以握住百事的易拉罐，你可以看到麦当劳的标志，但是你不能触摸一个品牌。和品牌相关的产品的味道、触感和样子只是该品牌的表征。总体来说，品牌本身是无形的。它的力量只存在于你的头脑中。

那么，品牌真的能够影响我们思考和做事的方式么？下一页我们有一个练习来试一试。

图书馆服务台

"个人品牌？
你到'艺术与科学'类别中找。"

练习：

强有力的品牌形象

好的品牌就像人一样。它们有个性和性格。停一会儿，看看你的周围，从你现在所在的位置找到两扇门。在第一扇门，想象那是梅赛德斯-奔驰——这个品牌——作为一个人站在那里（不是车，是梅赛德斯-奔驰这个品牌本身。）梅赛德斯-奔驰这个品牌是一个什么样的人？

梅赛德斯-奔驰：
- 是一个男人还是女人？ _____
- 这个人从事什么职业？ _____
- 这个人穿衣打扮是什么样的？ _____
- 这个人的收入水平是什么样的？
  低____中____高____
- 这个人的娱乐活动是什么？ _____

现在，看第二扇门，想象那是保时捷——这个品牌——作为一个人站在那儿。保时捷这个品牌是一个什么样的人？

保时捷：
- 是一个男人还是女人？ _____
- 这个人从事什么职业？ _____
- 这个人穿衣打扮是什么样的？ _____
- 这个人的收入水平是什么样的？比梅赛德斯-奔驰更高还是更低？
  更高____更低____
- 这个人的娱乐活动是什么？ _____

现在将两套问题的答案进行对比。它们非常不同，对吗？尽管梅赛德斯-奔驰和保时捷都是高端汽车，能把你从一个地方带到另一个地方，但是梅赛德斯-奔驰和保时捷的品牌形象是不一样的。但是，这是为什么呢？那是因为你对这两个品牌的感知、看法和感受不同。通晓品牌的艺术和科学的精明的营销者已经将你的感知、看法和感受小心地创立在你的头脑之中了。

对的。无论是个人还是企业品牌，都同时是艺术与科学。一方面，品牌迎合你的逻辑——它们在你看待它们的时候是合理的。这时候就有科学的成分了。但是品牌同样是一门艺术，因为在你感知它们的时候，品牌迎合你的情感。

考虑一下

对于已经获得你的忠诚的品牌思考一会儿。或许你已经特地绕远，去寻找和购买一个你情有独钟的品牌产品。如果你能够赋予自己的个人品牌这样的力量会怎样？如果你有这样的影响力，会觉得怎么样？

人的品牌？

我坚信人——就像洗发水和其他产品那样——都是品牌。我来举一些可能我们都知道的人的例子——首先从名人开始。你听到"布拉德·皮特"这个名字的时候，有什么样的感知、看法和感受？你听到"梅尔·吉布森"的名字时，有什么样的感知、看法和感受？这两位演员都是长相俊朗的男主演，但是他们创造非常不同的感知、看法和感受，不是吗？现在，我们把"成龙"放到这个画面中来……你对于他的感知、看法和感受或许会更加不同，对吗？

想想别的类别的名人——这次说说歌手怎么样？想想布兰妮·斯皮尔斯……埃里克·克拉普顿……麦当娜。又一次证明，他们都是非常不同的。那是因为这些人都有特定的个人品牌，相比其他人来讲绝对独特和专属。

你可能会说："但是，等一下。这些都是名人，他们有资金和办法雇用全职形象专家来管理他们的个人品牌！"

这说得不错！但是你不需要这种昂贵的帮助来定义和传播

你的个人品牌！《三步打造你的个人品牌》中分享的个人品牌系统帮助你建立个人品牌，而不需要为公关人员写支票。它专为全世界成百上千万可能不会成名，也没有计划将自己的个人品牌变成家喻户晓的名字的人们而写。你要做的事情就是在你自己的世界里定义自我，以达到你的个人事业目标。你的个人品牌是：

相对于其他人，你想要别人对你的感知、看法和感受。

正如企业品牌存在于我们的头脑之中，你的个人品牌存在于他人的头脑之中。这是相对于其他人而言，别人对你的感知、看法和感受。我们来仔细看一下这个定义，集中于这些关键词：感知、看法和感受。仔细地选出它们作关键词是有原因的：

感知：感知是营销中的现实。说到你的个人品牌时，你怎么想自己并不重要。重要的是他人对你如何感知。如果他人对你的感知和你内心认为你是什么样的非常不同，你很有可能没有传播出你想要的个人品牌。在你现有的个人品牌和你想要的个人品牌之间可能有一个很大的鸿沟。

看法：品牌是一个理性的练习，我们的头脑与我们对品牌的看法有很大的关系。我们为什么选择一个品牌而不是另外一个有着合理的原因。个人品牌也是一样的——他人对你有何看法？

感受：品牌建设是一个非常情绪化的过程。回想一下在本章开始的时候，你所说的高度忠实于其的品牌。你对于那个品牌有什么样的感受？信任？可靠？我们和企业品牌建立联系，这些联系远超越了产品为我们做的事情。我们对这些品牌保持忠实度是基于情感上的联系。与之类似，在个人品牌中，人们对你的感知会对你的成功产生深刻的影响。你与他人创造出越紧密的联系，你的个人品牌就越强大。

练习：

工作中同事的品牌

想出一个在现在的工作中你真心喜欢与之工作的一个人——每天早上你期望看到其、期望与之讲话的人。你对这个人有什么样的感知？这个人给你什么样的感受？你对这个人有什么样的看法？

现在，我们考虑与你工作的另外一个人……我们实事求是地说……这是一个你不那么喜欢的人。正是这个人似乎给你造成很多麻烦，每次你不得不与其共事的时候你的胃里都翻江倒海的。这个人给你什么样的感受？你对这个人有什么样的看法？你对他或她有什么样的感知？

你能理解这些人如何有着不同的个人品牌吗？而且这些个人品牌与他们认为自己是谁毫无关系。他们的品牌存在于你的头脑之中，基于你对他们的感知、看法和感受。如果他们没有花时间定义一个他们想要的个人品牌，可能他们呈现自己的方式与他们想要表现出的方式不同，从而严重地限制了成功。

还不能相信普通人也有品牌吗？这里有一个练习马上把这个概念带到你的个人工作经验之中。

掌控你

那么，现在把这个思考应用到你的身上。就像我之前所说的，即使你觉得不想要或者不需要个人品牌，你也已经拥有了一个个人品牌。你的个人品牌可能已经在起作用，在你尚未有意识地参与的情况下，创造对于你的感知。人们对于你的看法和感觉可能与你想要被感知的方式相反，就像阿尔弗雷德·诺贝尔一样。我见过的多数人觉得这个观点既耐人寻味……又有一点儿恐怖。他们不喜欢自己的个人品牌肆意横行，而他们自己却不知所措。

那么，如果你的个人品牌存在于他人的头脑之中，你如何掌控**你**呢？你如何确保你的个人品牌正是自己想要的那个？你想要如何被感知？你想让其他人对你有何看法与感觉？你如何让你的个人品牌成为你所拥有的和可以定义的？你如何将其有效地传播？

　　随着你走过个人品牌系统的各个步骤，这些是你将回答的问题。不管你已经有多么成功，当你定义想要的个人品牌时，你就有机会表现超群，这是你最想入非非的美梦中都想不到的。就像星巴克在卖一杯标准咖啡时可以比当地咖啡馆贴上价格高许多的价签一样，**你**能够创立一个高端个人品牌，要求更高的薪水，更好的额外待遇，以及/或者带给你在事业上更大的认可和满意度。

　　这样想这个问题：你的个人品牌是你所代表的东西。_____是谁？把你的名字填在空上，我们开始吧！

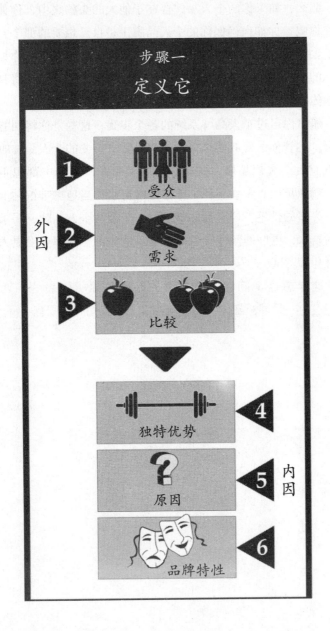

步骤一
定义它

1 受众

2 需求

外因

3 比较

独特优势 4

原因 5 内因

品牌特性 6

2

定义你的个人品牌

我总是想成为重要人物，但是我应该更具体一些。

——女演员、谐星莉莉·汤姆林

好吧，你知道你无法触碰你的个人品牌，因为它存在于他人的头脑之中。那么，如果你无法触碰它，如何掌控它呢？这似乎看起来是无法逾越的挑战，但是企业年复一年地在消费者头脑中成功地打造品牌。你也肯定能够掌控你的个人品牌。关键是，要做出所有成功的企业品牌所做的第一步：定义它。

你已经问了自己这个问题："谁是_____？"你可能会说："可是，布伦达，我不知道如何回答这个问题！"如果是这样的话，别担心。首先，你要使用一个特定的配方来准确描述你现有的个人品牌。然后，你会用相同的配方定义你想要的个人品牌。

我们再来看一下企业品牌。事实：你所熟知和热爱的企业品牌都是使用六个定位元素来精心地定义出来的。管理这些品牌的人是否意识到这些元素，这并不重要。相信我——所有六个元素都对品牌得分至关重要。这个是可靠的、真正的配方。

框架的力量

我们来看看品牌定义框架的六个元素如何应用于企业品牌。然后，我们来看看如何将每一个元素应用于我们每一个人——作为个人——以定义我们独特的个人品牌。

品牌定义框架	
企业品牌	**个人品牌**
目标：作为企业品牌来讲，这就是目标市场。谁会买这个产品——男人、女人、大学毕业生、高收入还是低收入人群？他们有什么期望、梦想和恐惧？他们对这个品牌或这类产品抱什么态度？他们对一个特定的品牌表现出什么样的行为？	**受众**：这与目标市场类似，你的受众包括你想用个人品牌所影响的人。可能你的受众是一个人，比如你的老板，或者一群人，比如你公司的一个部门。或者是一个内部顾客。你想要用个人品牌影响谁？
需求：目标市场需要什么？企业创造一个品牌时，他们试图满足客户未被满足的需求。或者他们试图满足已经存在的需求，要比对手做得更好。	**需求**：如果受众是你的老板，他或她需要什么？是否有未被填补的空缺？比如，你的老板或许需要人将一些责任从他或她的肩膀上卸下来。
竞争框架：在企业品牌中，这指的是和你竞争的品牌。	**比较**：在个人品牌中，更多的是比较而不是竞争。在满足你所认识到的需求时，你的受众会将你与谁比较？
好处：一个品牌会给消费者提供什么？如果是牙膏品牌，它可能会有帮助孩子防止龋齿的功能，这样消费者会感觉自己是最好的家长。	**独特优势**：在个人品牌中，你的独特优势就是你许下的承诺。就像企业品牌一样，就像企业品牌一样，你的优势是你给予受众的好处。
原因：为什么目标市场会相信企业品牌承诺所能实现的东西呢？这些是品牌的原因。他们可能与产品如何设计、元素、产品在市场中的经验，以及强烈认可相关。	**原因**：为什么人们会相信你能实现你所承诺的独特优势呢？这里你可以建立自己的信誉证明你说到做到。

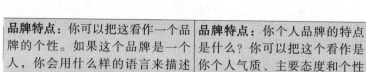

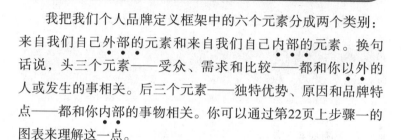

品牌特点：你可以把这看作一个品牌的个性。如果这个品牌是一个人，你会用什么样的语言来描述它？	品牌特点：你个人品牌的特点是什么？你可以把这个看作是你个人气质、主要态度和个性的反映。这是你是谁最根本的基础。

我把我们个人品牌定义框架中的六个元素分成两个类别：来自我们自己外部的元素和来自我们自己内部的元素。换句话说，头三个元素——受众、需求和比较——都和你以外的人或发生的事相关。后三个元素——独特优势、原因和品牌特点——都和你内部的事物相关。你可以通过第22页上步骤一的图表来理解这一点。

你的个人品牌定位报表

那么，看到这里，你可能会问自己："谁是真正的【此处插入你的名字】？"如果你现在还不知道如何回答这个问题，不要担心。后面的章节会手把手带你审视每个元素的细节，你会发现你现有的个人品牌，定义你想要的个人品牌。

随着我们走过步骤一——定义它的步骤——你将填写一个叫作个人品牌定位报表的表格，这里会使用上述的六元素框架。你个人品牌定位报表会包含两部分：

● 第一部分将搞清你现有的个人品牌。你将发现现在人们对你有什么样的感知、看法和感受。

● 第二部分将定义你想要的个人品牌，帮助你认识到从你现在的样子变成你想要的样子需要做出哪些改变。你想要人们对你有什么样的感知、看法和感受？

将个人品牌定位报表的两部分进行比较，你会看到需要做什么来达到你的目标，不管你是想要更高的薪水、升值、更多责任或者工作中更多认可。你可能发现你已经比自己意识到的做得更多了，或者发现有很多工作要做才能建立你想要的个人品牌。不论是哪种，这就是你成了你。

个人品牌定位报表的两部分将帮助你把想要的个人品牌从概念变成现实。在以后各个章节的末尾，你都会填写定位报表的一部分，比如下一页就是其中一部分。注意前两个元素——受众和需求——在报表中现有的和想要的部分都会保持一致。

你的个人品牌定位报表

我的受众包括：

人群特征（该人"可证实的"社会特点，如年龄、性别、收入、教育等等）：

心理特征（这个人心理个性特点，包括态度、心态等等）：

主要行为（可观察的举止和表现）：

我受众的需要是：

功能：

情感：

现有的个人品牌定位报表	想要的个人品牌定位报表
现有的比较 我现有的品牌是（你标准的工作标签）：	**想要的比较** 我想要的品牌是（你想要的概念标签——你想要被感知的方式）：
与谁相比较（你标准的比较集——通常与之相比较的人们）：	**与谁相比较**（你扩展的比较集——所有可能与之相比较的人们）：
我现有的独特优势是：	**我想要的独特优势**是：
我现有的原因（为什么我的受众相信我能实现现有的独特优势）是：	**我想要的原因**（为什么我的受众相信我能实现想要的独特优势）是：
我现有的个人品牌特点（我现有的个人品牌特点是如何被感知的，包括我主要的态度、气质和个性）是：	**我想要的个人品牌特点**（我想要的个人品牌特点是如何被感知的，包括我主要的态度、气质和个性）是：

你完成六元素框架和个人品牌定位报表时，你已经准备好将**你**付诸实践了。卷起袖子开始干吧！你的个人品牌在等待⋯⋯

定义它

外因

受众

3

个人品牌定位1号元素：受众

这取决于听众。一直以来都是这样的。

——歌手凯特·史密斯

你现有的个人品牌是现在人们对你有何感知、看法和感受。你想要的个人品牌是你希望人们会对你有什么样的感知、看法和感受。但是首先，这些对你进行感知、产生看法和感受的人都是谁？他们是你的受众。

好吧，你的受众不一定是坐在剧场里看你的表演或者在会议室听你演讲的人。事实上，你的受众是你想要用个人品牌所影响的人。这可能是一个人，比如你的老板、同事或者消费者。这可能是一小群人，比如你的会计部门、董事会或者在你的供应商企业工作的人员。你的受众可能是一大群人，比如你的销售部门、你领域中的人际网络或者在你演讲的时候坐在酒店大宴会厅中的1000个人。

在企业品牌中，目标市场通常是基于所谓的人口特征的。那是什么意思呢？嗯，人口特征是关于人们的事实——可证实的社会特征，比如年龄、性别、收入、教育等等。

对于营销者来说，这是关键信息。品牌管理者定期进行人口特征研究，以便更好地理解目标市场。不论目标市场是女性

29

市场还是男性市场，年龄范围是什么，他们的收入范围是什么，不论目标是居住在城市还是郊区……这些是标准的营销人员追求的事实。

遗憾的是，许多营销者止步于此，不再向前深究了。但是，人口特征只是真正好的营销最基本的部分——冰山的一角。

思考一下。如果你真的想要认识一个人，是不是知道了他或她的年龄、收入范围、他们在哪里出生的、住在哪里就足够了呢？这其实告诉不了你太多关于这个人的情况，是不是？如果是这样，你只是涉及了肤浅的表面，而且关于这个人所有的假设都是基于差不多是一张人口普查表上的内容。

这就是为什么最好的营销人员花时间进行更深入的研究。他们想要更多了解目标市场的情况。他们想要进入购买他们品牌的消费者的头脑之中，理解他们的行为。在市场营销中，这有一个名称——心理特征——这听起来挺沉重的，但是其基本的意思是基于精神动力学的个人生平资料。换句话说，心理特征是激发目标进行购买的因素。

好的，你个人品牌的受众肯定比普通的企业品牌目标市场要小得多。这可是个好消息！但是就像任何一个好的企业营销者一样，作为个人品牌建设者，你需要进入受众的头脑之中。你也需要知道什么激发他们做出决策。他们在各自的人生中处于什么样的阶段？他们有什么样的态度和行为？他们重视什么、关心什么？他们的精力集中在哪里？

这是关键！除非你了解你的受众，否则不可能定义一个可行的个人品牌。简而言之，你对受众越了解，你的个人品牌就会越成功。这一步是你个人品牌的基础。把这一步搞对是很重要的，这样接下来的各个步骤就会很顺畅地进行。

受众很多？试试"作为一体的受众"

那么，你的受众是谁呢？谁对你的事业上产生最大的影响？通过你的个人品牌，你想影响谁？这可能是你的老板，你的首席执行官，你的消费者，你的供货商，等等。

但是，如果对你的事业产生最大影响的人们是你所在公司的整个一个部门或者是一群消费者怎么办呢？那你如何了解人口特征、心理特征和每一个人的行为呢？嗯，你不能知道，也没必要知道！

我推荐给客户的是我所称之为作为一体的受众。不要因为你的受众中有一大群人而变得不知所措，想想群体中的一个人，他在人口特征、心理特征和行为上在这群人中是最有代表性的。然后，想想这个个体就是代表这一大群人的那个人。

比如，你的受众是你所在公司的财务部门，这个群体中有60个成员，那该怎么办呢？你能否选出一个最能够代表该部门大多数的人？我们假设财务部大多数人都是40多岁，已婚，住在你所在城市的郊区。他们常常是以家庭为中心的，政治上属于进步主义，在社区中活跃，非常勤勉。写下你所能精确描述该部门大多数人的所有特征。然后，将你写下的特征列表与在该部门工作的人的名字进行比较。哪一个人最能代表这个群体？这个人就会成为该群体中的作为一体的受众。

使用作为一体的受众这个概念能够很有效地运用你的个人品牌定位报表。使用这个策略，你能很容易地辨识出你的受众及其特征。这能够使你作为个人品牌建立者的工作容易许多！

受众

究竟谁是你的受众？

既然我们已经解决了受众数量大这个潜在的问题，你已经做好准备来辨识谁是你的受众——我们的个人品牌系统步骤一中第一个外部要素。

练习：

关键受众

花一点儿时间列举1到3个你认为是你个人品牌的关键受众的人。谁能够直接对你的事业产生最大的影响？记住：这些人是你最想用个人品牌影响的人。

如果你列举一群人，比如"人力资源部"，记得写下作为一体的受众——是这个群体中你认为最有代表性的一个人。

1.

2.

3.

考虑一下

换工作？ 重要的一点就是如果你换了工作或职业，你就必须要调查新的受众。即使你保持在现在的职位上，你有了新的老板或者增加一个新的消费者，你的受众也时不时地更换。

针对个人！

在这个电子邮件、网络电话、短消息、网络视频、聊天室的时代，有时我们会觉得失去与其他人的私人联系。但是，了解你的品牌受众需要更为直接的个人联系。世界上最好的营销者在他们所管理的品牌和他们的目标市场之间建立联系。你必须也要与受众建立联系以定义和传播你的个人品牌。

现在你可能会想："可是我不会读心术啊！我怎么才能进入我老板的头脑中去？"或者"我怎么能够找到一个消费者那么深层次的细节资料？"想要彻底理解你的受众，你不用学会心电感应，但是你的确需要问！人们喜欢谈论关于自己的事情。你不能很冒昧地一下子问一大堆非常私人的问题，你可以开始先问他们喜欢什么、不喜欢什么、家庭生活、价值观、他们对什么充满热情，等等。

本章中的练习将帮助你确定想要知道受众的心理特征需要问的一些问题。这是迈向定义个人品牌的第一步，也会是这个过程中非常有收获的一部分。你可能与人们建立长期的往来，而不经历这个过程可能永远不会建立这种长期关系。

你是否有正确的受众？

我个人品牌的一个受众是加文。他不在企业中工作，但是他是一个职业演说者，定期给许多企业管理人员和员工演讲。加文在他的祖国南非是一个非常受欢迎的演讲者，从他的日程安排得非常满这一点可以看出来。有一些大会和会议非常喜欢他与众不同的风格，甚至连续数年邀请他参加这些会议。他的独特优势的确非常独特。事实上，他的风格有一点偏向"大不敬和淘气"的方面。他真的很喜欢颠覆事物，他有能力让他的受众以不同的方式思考。比如，其他的职业演讲者都穿西装打领带，加文登上台穿短裤、T恤衫，戴顶棒球帽。他的棒球帽有点成了他的标志——他进行创意性思维的吉祥物。

加文决定要扩大他的个人品牌，让其走向世界时，他首先向一组与他定期见面进行职业建议和鼓励的专业人士进行咨询。这组人得出结论，即在南非以外，加文需要做法更低调些。他们认为他"疯狂的行为"在欧洲或者北美不会被很好地接受。加文认为他们是对的，但是这个消息让人难以接受。如果他缓和了淘气的个性，他如何才能忠实于自己呢？他觉得那才是他真我的核心内容。

在那段时间，加文参加了在迪拜举行的职业演讲者国际联盟(IFFPS)的会议，在那个会议上，他听我讲了个人品牌的事情。之后，他找到我，做了自我介绍，然后说："救命——我的个人品牌破碎了！"当然，我笑了，我说："没有一个个人品牌是会破碎的！只是可能亟需一个方向。我们谈谈吧。"

对于怎么定义他的个人品牌，加文和我一起研究了一段时间，我们得出一个重要结论：他的品牌根本就没有破碎。的确，它是非常兴旺的！他在南非受到尊敬是因为他为自己开创了独特的利基，那是一个非常专有的，也是非常令人兴奋的个人品牌。

他的个人品牌面对的挑战不会改变他正在做的事情，也不会改变他做事情的方法。加文需要做的是更为明确地知道他的受众的定义。他可以保持他一直以来所完善的个人品牌，但是他需要找到一种方法，能够使他很快找到需要他、欣赏他风格的人们。他的个人品牌中的幽默和不恭敬的确会使一些公司和管理人员感觉不合适，但是对于其他人来说，他可能会被认为是一缕清新的空气。

在市场营销中，这叫作"利基策略"。加文不需要成为所有人都喜欢的人。他需要做的仅仅是找到需要他和他的信息的正确的人。那么，这个故事有什么样的寓意呢？如果你的个人品牌真实地表达了你的特点，不要改变你！你要确保你特定的个人品牌目标受众是正确的，不要改变本来可行的东西。定义能够真正欣赏你的受众类型，然后找到受众。换句话说，要一直忠实于你自己。

都是关于他们

如果你是一个喜欢和人聊天的人，人们对你敞开心扉很容易，了解你的受众会比较轻松。如果你很害羞，不要惊慌。是的，你需要伸展自己一下，扩展一下，走出你现有的舒适地带，但是随着你越来越习惯于和你的目标受众讲话，你会发现你的自信得到了提升。最重要的是，注意力全部集中在你的受众上时，你会丢掉自我意识。换句话说，把这变成都是关于他们的事情。

为什么人们每年花几百万美元请教练？因为教练100%的时间是集中于他们身上的。我在进行教练课程时，我100%的注意力会绝对集中于我的客户。你生命中谁还会这样呢？当你和你的受众交谈时，你可能有一些小小的别有用心，即获取你需要的信息，以便更好地定义你的个人品牌。但是如果在谈话时你能100%地集中注意于你的受众，这个过程肯定会非常顺利。毕竟，谁不喜欢这样的关注呢？

当你和受众交谈时，要抵制将注意力转回你自己的冲动。可能是这样的，你会对为什么总有这样的冲动而感到惊讶，但是你每将焦点转回自己一次，就失去了更多了解你的受众的机会。即使你听到了你确切地知道是错误的东西或者令你恼怒的东西，咬住舌头忍住别说。集中注意在你的任务上：获得你的受众的详细信息！

那么，比如说你已经准备好了问题，但是你无法和那个非常重要的人约见会议。再次注意，把这变成都是关于他们的事情。如果你让你的老板或你的同事知道你需要他或她的建议或意见，你会更有机会得到这个会议。

这里有一个企业界的例子。你给一个潜在的消费者打电话，要求约见一个会议讨论你的产品。如果客户认为这只是又一个推销说辞，那就没有理由欣然接受这个机会。另外一方面，如果你告诉你的潜在消费者你想要安排一次会议，你想从他们那儿得到点子如何能提高你的产品——中了！你得到这个会议的可能性高了许多。为什么？现在你的会议是如何能让你的潜在消费者有利，而不仅仅是把消费者的钱装到你的口袋里。你再一次将会议的焦点转回消费者的身上。都是关于他们的事情。

这儿有另外一个例子。我在百时美施宝客户服务部做国际营销副总裁时，我们得到了一个发现市场中新的医药需求的非常昂贵的研究项目的批准。我们制作了调查问卷，请了研究机构，做好准备与几十名医生访谈，来得到我们需要的信息。项目开始前的一周，坏消息来了：我们的预算被总部削减掉了。我们没有钱来执行这个研究了。这就好像项目完了，失败了，结束了。

问题是：我们仍然需要找出新的医药需求！因此，我们集思广益，突然意识到我们的销售团队每天已经在向研究机构要采访的医生推销我们的品牌。解决方案变得清楚了，但是有一点儿风险：把研究用的调查问卷给我们的销售团队，让他们花一天的时间不要销售，而是问这些医生我们目标市场的问题。这是我们第一次试图做这样的事情。于是，我们做了深呼吸，把调查问卷给我们的销售团队，然后等着看会发生什么。

结果这成了我们做过的最聪明的事情之一。一个接一个销售人员回来跟我们说："谢谢！谢谢！"他们汇报说，他们多年以来一直试图让目标医生对他们开诚布公，但是他们用的都是试图销售产品的方法，医生们一直都守口如瓶。这次，医生们被问到真正对他们自己要紧的事情，他们打开话匣子，跟我们分享的正是我们需要的信息。除此以外，这第一次让销售人员和医生形成了良好的关系。医生坐下来，为我们的销售团队提供了高质量的信息，因为这一次，谈的话题都是关于医生和他们病人的事情——这是医生真正关心的话题。

因此，不要低估单纯是问问题所产生的力量。这能够弥合鸿沟，使得沟通更清楚，形成持久的良好关系。

寻找线索

我们假设你已经和你的受众——你的老板、一个同事或者作为一体的受众这个代表——安排了一个会议。现在你要做什么呢？你有一张要问的问题表，但是如果突然开始问这些问题，你可能觉得不舒服。

你进到房间之中，花一点儿时间做些其他事情。环视一下房间，找到开启谈话的线索。墙上有没有挂着学位证书？书桌上有没有放着全家人的合照？有没有看到度假的照片或者艺术品？这些物品给你谈话开启的话题，也是这个人个性的线索。一个恰当的问题，比如"我对艺术不太懂，但是我真的很喜欢这个。这是你喜欢收藏的艺术家的作品么"，这可以帮助你的受众敞开心扉，分享他们的兴趣所在。

一旦你建立起密切关系，你就可以开始问一些你为本次会议准备的问题了。当然，别像狂轰滥炸那样问人家问题。问完每个问题后，给对方一些时间详细阐述。要积极地听，让对话顺利进行下去。

你的受众偶尔会觉得一项工作的最后期限让他很有压力，或者私人事务缠身，或者实在没有时间约见。如果你没有办法让人跟你交谈，不要勉强对方。下次再试试。

深入挖掘

如果问问题对你来说有困难，你可以直接对别人说你正在努力定义个人品牌，希望得到意见和建议。这是问答过程简单的开始方式。你在问你的受众意见或者建议的时候，这本身就是恭维了。当别人询问你建议的时候，难道你不因为自己的意见受到重视感到被尊重和荣幸吗？

你将要听到的内容将使你对受众有许多了解。这同样给你问更多问题的机会。保持开放和客观的心态，真正地倾听。如果你询问意见，在人家说的时候记笔记。如果你仅仅是在进行交谈，积极地集中注意力在别人的话上，以便之后立刻记下笔记。

如果想要知道受众更多的情况，一定要告诉他们。你可以说："我想听听你如何看待我们产业的新趋势。"或者"我对你多元化的背景很感兴趣。这听起来很吸引人。"

"先有哪一个？演讲者还是听众？"

问，随便问

你试图了解更多的关于受众的人群特征和心理特征，这里有一些你可以问的问题。但是，这个列表并不全面。的确还有无数个可能的问题。你在聆听时，要真正对答案感兴趣。这样的话，针对你特定的情形的问题会在脑海中浮现出来。

你可能不需要直截了当地问就能够得到你想要的人群特征的信息（当然，你永远不要使用卑劣的手段获得个人数据。呀！）更加深入的问题需要你直接提问。再次强调一下，你越集中注意于你的受众，他们就越有可能对你展开心扉。

人群特征信息（可证实的社会特点，比如年龄、性别、收入和教育）：

- 他们住在哪里？
- 他们在哪里上的学？
- 他们是在长大的地方生活，还是搬到了新的地方？
- 他们有没有在国内/国外其他地方生活过？
- 他们的父母是否健在？
- 他们受教育的程度是什么样的？
- 他们如何得到现在这份工作的？
- 他们这份工作做了多久了？
- 他们的工作历史是什么样的？
- 他们是否在某个时间换过职业？

对于你的受众你能想到的其他人群特征有关的问题是什么？

心理特征信息（此人以心理为导向的个性特点，包括态度、心态等等）：

- 他们的重点事务是什么？
- 在生活中什么对他们来说最重要？
- 家庭对他们来说有多重要？
- 事业在他们心目中的排序是什么？
- 他们如何选择了现在的事业？为什么选择这个事业？
- 他们渴望在事业中获得另外一个职位么？
- 他们受的教育如何为他们现在的事业做好准备？

- 他们曾经去哪里旅行过？
- 他们有什么兴趣和爱好？
- 他们的闲暇时间如何度过？
- 他们最喜欢的食物、音乐、体育等等是什么？

对于你的受众，你能想到的其他与心理特征有关系的问题还有哪些？

关键行为（可观察到的行事和表现的举止）：

这一部分需要观察而不是直接问问题。注意你的受众如何行事，对于他们的行为说明了他们什么特点做下笔记。（但是，嘿——不能秘密跟踪，伙计！）戴上市场研究人员的帽子，仔细观察你的受众。要敏感，但是要注意。也要花些时间研究肢体语言，这能在很大的程度上帮助你理解别人在想什么，有什么感觉。

比如，如果你的受众是你的老板，她是否喜欢组织许多会议？如果是的话，这说明了她有什么样的个性？这是否意味着她总是想要知道她的员工在做什么？或者她只是需要组织这些会议，进而产生一种有组织的感觉，也会感觉一直更新消息？她如何组织这些会议？她是否有一个既定日程，或者她允许每个会议在现场成型？

了解你的受众可能感觉就像挖地找油，但是人要有趣许多。这就是为什么人们读小说、看电影：我们都喜欢好故事！你可以把你受众的生活看作是他们自己的电影，而你一点一点去发现它。对一个人了解得越多，你和他的关系就越深入，你就越能够根据这个人或者你最想要影响的人来定义你的个人品牌。然后，你就可以真正在你自己、你的个人品牌和你的受众之间建立联系。这就给你事业的成功打下坚实的基础。

你的个人品牌定位报表

现在你已经准备好填写你的个人品牌定位报表了！记住，在你的定位报表中你现有的和希望的受众要保持一致。

为了帮助你填写你的报表，我来跟你分享几个例子。我在个人品牌报表中加入了两个不同工作和不同背景的人。随着我们读过每一章，你会看到这两个人如何填写好他们的定位报表。这两个例子应该能够给你一些概念，帮助你理解你的定位报表如何也能够有效。我们首先来看看凯瑟琳。

案例研究——凯瑟琳·约翰斯顿

凯瑟琳是康索利德饮料公司的市场营销经理。公司新产品线的销售放缓时，她的新老板吉姆·多伊尔从公司外面被聘请来。公司期望吉姆能领导他的营销团队快速开发许多新的产品和品牌。

凯瑟琳的个人品牌定位报表

我的受众包括：

人群特征（该人"可证实的"社会特点，如年龄、性别、收入、教育等等）：吉姆·多伊尔，49岁，新雇用的首席营销官，总裁的高级职员。吉姆有着丰富的饮料市场营销经验，在行业内有着良好的声誉，能够打造建立新业务的产品。事实上，他在康索利德饮料的任务是加速新产品开发的过程。他平均每天工作12小时。

心理特征（这个人心理个性特点，包括态度、心态等等）：吉姆对市场营销很有热情，特别在创新概念、产品、推广等方面。他一定能够达到雇用他为了达到的结果，但是他也

一定要能够玩好董事会议室中的政治。换句话说，他需要与其他部门的领导保持良好的关系，同时推动他们更快地做新的事情。吉姆有信心能开发出高潜力的想法，同时激励他的团队达到高目标。他将自己看作"选手——教练——赢家"。

主要行为（可观察的举止和表现）：吉姆不是非常喜欢开会。事实上，他认为多数会议占用了宝贵的创新时间，因此他更喜欢保持办公室的门敞开以及巡视大厅的政策。他通常会顺道听取他的团队的直接报告（有时，甚至是团队的下属的直接报告），来看看他们冒出了什么新点子，以及行动计划实施得怎么样了。作为新到公司的人，吉姆需要依赖一个高级营销人员作为公司中的变革促进者。有了强有力的"中尉营销者"作为冲锋者，吉姆可以通过在董事会议室中积极支持中尉的建议而更快、更巧妙地达到他的目标。

案例研究——埃里克·梅森

埃里克，26岁，是赫德森国际银行的分行副经理。他四年前在大学获得金融学位之后就一直在这里工作。他刚被赫德森雇用时，他被安置在一个管理培训项目中。这是一个轮岗的、快速的在职培训项目，让潜力高的新员工接触到银行中所有主要职能部门的业务。他现在负责小企业和低风险个人贷款，他下一步升职就会是个人银行业务经理。这是一个很棒的岗位，能够让埃里克准备好成为一名分行经理，最终升为银行高层管理人员。

埃里克的个人品牌定位报表：

我的受众包括：

人群特征（该人"可证实的"社会特点，如年龄、性别、收入、教育等等）：艾丽斯·陈，40岁，已婚无子，持有金融与营销学士学位证书。她是赫德森业务量最大的郊区银行的分行经理，这个工作她做了快10年了。她从一出大学校门开始进入一个本地银行，开始她的事业，一开始只是一个银行柜员，在该岗位上仅过了几年，她去了一家有竞争力的国际银行，加入了他们的分行经理培训项目。赫德森雇用艾丽斯就是为了让她负责他们的1号郊区分行。从此，她和她的团队就一直是哈德森的优秀员工。

心理特征（这个人心理个性特点，包括态度、心态等等）：对于艾丽斯有一点是清楚的：她期待优秀——不仅是期望为她工作的人做到，包括她自己。你可以说她是一个"高压的完美主义者"，她觉得工作很好地做好、客户很好地得到了服务是件令人骄傲的事情。但是她也相信团队还能有更高水平的表现。因此，艾丽斯成为激励赫德森经理们的榜样。

她笃信"客户就是上帝"，确保每一名客户都会感觉他们不只是一个号码而已。艾丽斯每天自己以身作则指导她的团队对客户有同理心。

主要行为（可观察的举止和表现）：艾丽斯绝对是一个"目标管理"的那种领导。她和每一名团队成员坐下来，写下项目和个人发展目标。她和她的团队定期回顾这些项目和任务，确保能够达到更高的表现水平。一年之中她也会为团队举行许多培训研讨会。其中有一些是她自己主讲的，另外一些是当地的商业领袖主讲。尽管赫德森的员工严格意义上说每周有固定的工作时数，艾丽斯会"不管工作多少个小时"比计划更早时间把工作做好，满足所有客户的需求。她没有给人以工作狂的印象，但是，的确是真正致力于卓越的人。因为她所信守的工作道德标准，艾丽斯只会提拔那些对卓越工作和服务展现出相似热情和完全可靠的人做个人银行业务经理。当她能够为有这些特点的人升职时，她个人为能够帮助团队成员达到更高的目标感到骄傲。

有概念了么？现在轮到你了。把本章前面练习中的受众名字换成你的受众，写上你所发现的这个人的人群特点、心理特点和行为。记住：你的受众可能包括你的老板、重要的内部消费者、一个同事、或者可能是作为一体的受众——你感到最能够代表一大群受众群体的人。

你的个人品牌定位报表：

我的受众包括：

人群特征（该人"可证实的"社会特点，如年龄、性别、收入、教育等等）：

心理特征（这个人心理个性特点，包括态度、心态等等）：

主要行为（可观察的举止和表现）：

祝贺你！你已经完成了我们个人品牌系统中步骤一的1号元素，我们个人品牌定义框架中三个外部因素之一。

"注意！你是我的目标受众！"

外因
2

需求

4
个人品牌定位2号元素：需求

"在你做一个更好的捕鼠器之前，先知道那里有老鼠是对你有帮助的。"

——职业棒球手与经理人约吉·贝拉

只是彻底了解你的受众是谁是不够的。你也需要知道你的受众的需求是什么。除非知道了有人那里闹老鼠，需要捕鼠器，否则顶级的营销者是不会去做捕鼠器的。如果他们这样做，就会导致有一整个仓库的捕鼠器，而没有人愿意去买。

与此相似，定义个人品牌的下一个步骤就是整理你收集到的所有关于你的受众的信息，确定他们需要什么。这是所有部分的核心问题！

那么，我说的需求是什么意思呢？在企业品牌中，需求被定义为：

● 一个需要解决方案的问题，

● 一个在市场中现在没有得到很好解决的问题，

和/或

● 我们原来不知道其存在的一个新问题。

比如，佳洁士是战后美国回应更好地进行口腔保护的需求的第一个品牌。苹果发现了消费者需要一台更为用户友好型的电脑，它开发了麦金塔电脑。伟哥是第一个解决勃起功能障碍问题的药品。

现在市场上没有很好得到解决的需求是什么呢？这是约吉·贝拉的格言，更好的捕鼠器的例子。吉列开发了一种新刀片能够刮得更干净。诺基亚的营销超越了功能，将他们的手机作为一种时尚宣言。伟哥解决勃起功能障碍的问题，艾力达比它做得更好一些，能够提供24小时的勃起，然后希爱力再次填补市场中的另一项空白，能够提供36小时的勃起，使得它被称为"周末狂欢"。那是不是就像更好的捕鼠器一样呢？

然后，还有些需求是我们甚至都不知道自己有的。谁会知道我们需要到处带着一个小装置，里面装着我们可能想要听的每首歌曲？苹果音乐播放器知道！

与此相似，当霍华德·舒尔茨参观意大利的众多咖啡馆，他发现那里提供的不仅仅是咖啡。这里给人们一个见面的场所，人们可以在那里坐很长的时间，可以谈话。人们不会为了给别的顾客腾出地方而匆匆忙忙冲出门。他们可以放松下来，一起享受休闲时光。舒尔茨看到了我们不知道其存在的需求，于是星巴克诞生了。

当你受众的需求改变了

乔纳森是瑞士人，在一家成长中的欧洲工业服务的小公司中做首席财务官。总裁是公司的所有者，乔纳森是公司的二把手。他在公司工作的5年中，随着他的老板与三个邻国中的工业服务公司谈判、收购它们，公司规模从原有的50名员工增长为425名。乔纳森非常喜欢快节奏、经常出差以及这个行业激烈甚至不择手段的竞争本质。他觉得在欧洲工商管理学院获得工商管理学硕士的他就是应该做这样的事情。公司做得非常不错，事实上，乔纳森和老板接下来知道的事情就是他们的公司被一家国际银行在一个几百万美元的交易中收购。这给乔纳森带来了他所喜欢的新的经验，比如与懂行的投资银行家交易。乔纳森也是公司的一名小股东，在卖掉公司时他也得到了一笔不错的一次性付款，这是他每天15个小时工作应得的奖金。

但是，在公司卖出后的几周中，乔纳森发现了他和老板的关系开始出问题了。他的老板开始做出一些讽刺性的评论，说乔纳森没有达到期望，他斥责乔纳森报告送晚了以及其他事情没有做好。这持续了一段时间，直到有一天，乔纳森被叫到老板的办公室中，告诉他这个消息——"你被解雇了。"

为了搞清到底怎么了，乔纳森和我坐下来，填写他的个人品牌定位报表。我们很快意识到乔纳森的受众（在这里是他的老板）因为公司的出售发展出新的需求。之前，乔纳森的受众/老板一直是公司的完全所有者和主要股东——他发号施令，想要扩展业务，购买其他公司。但是现在，乔纳森的老板不过是一个大银行的员工，负责为新的主人交付收入，只持有33%的股份。乔纳森的受众从一个原来需要创业型、独断利益、会交易的首席财务官的人变为需要更能运营的首席财务官的人——需要管理稳定的、每日的财务和会计工作，这是较为保守的新股东所需要的。由于乔纳森没有注意到这个变化，也从未被要求进行调整，他的努力不再能够满足受众的需求了。

幸运的是，乔纳森能够在新公司中寻找到合适的受众，那些受众是欣赏并能够从他独断独行的精明的金融模式中获利的人，这使得他能够继续以最喜欢的方式进行工作。那么，这个故事给人的寓意是：注意了解你受众需求的变化。即使你的受众不改变，你受众的需求可能会改变！

功能与情感

在企业品牌中，目标市场的需求以两种形式表现出来——功能与情感。

功能需求：可能是身体上的或者与身体相关的需求，比如应对蛀牙或者解渴。或者可能是一些有形的东西，比如需要一个更小、更轻便的数码相机。

情感需求：正如你所猜想的那样，要与情感相关，比如能够保护孩子免受蛀牙之苦，作为父母感到骄傲，或者购买人寿保险后感受到内心的平安。

哪个更重要呢？都重要！最好的品牌设计是要同时满足功能和情感需求的。这才能够建立强大的品牌。这里有一些例子：

◆ **泡沫包装**

功能需求：运输中保护易碎物品。

情感需求：对于你的物品会到达目的地而不破损有信心。

◆ **伟哥**

功能需求：解决勃起功能障碍问题。

情感需求：使得男性重新获得阳刚，再次达到他们想要的那种爱的关系。（在一个较早的很棒的伟哥广告中，一对男女靠得很近地跳舞。对于伟哥如何同时满足功能需求和情感需求不言自明了。）

◆ **星巴克**

功能需求：一杯味道更好的咖啡。

情感需求：一天之中有机会休息一会儿，在舒服的沙发上给自己一个美味的奖励，与朋友约会，用无线网络查电子邮件，或者从容地与别人见个面。

想想吧。如果星巴克只是满足了受众的功能需求，它可能永远也不会获得现有的成功。市场上有很多不错的咖啡，不是吗？因此，正如这些企业品牌要保证同时满足目标市场的功能和情感需求，个人品牌建设者也必须同时满足他们受众的功能和情感需求。那么这个屡试不爽的品牌概念如何准确地应用于你和**你**呢？

"作为一体的受众"的需求

如果你的受众包含一个作为一体的受众，你如何确定你受众的需求？好的个人品牌建设者解决这个问题的其中一个方法就是创立一个小型调查。

设计一个你的受众所工作的部门的每个人或者是受众群体中每个人都回答的调查问卷。告诉他们你想知道他们的需求。你在查看调查问卷的回答时，这里面列举出来的最一致的需求是什么？要确保你寻找的是你的受众最核心、最有代表性的需求。而且别忘了同时寻找功能和情感的需求！

工作中的功能需求

好的，现在我们来定义一下你的受众工作中的功能需求。在个人品牌中，功能需求是你所扮演的角色——你在工作中提供的服务。这通常是由你的职务和对工作内容的描述所定义的：税务会计、人力资源经理、物流与生产专员、财务总监，等等。换句话说，你被雇用来做什么工作？比如你是一个办公室经理，你就要照顾受众对于高效办公室运营的需求、所有机器正常工作和维护、雇用新的员工、维持满柜子的供给，等等。

功能需求同样包括你的知识、经验和专长。如果雇用你做平面设计师，对于你的预期就是你的专长，包括创意。如果你的职位是公共关系总监，对于你的期望就是你在你的领域中经验丰富以及人脉广泛，以便在媒体上和市场中推广你的公司。

工作中的情感需求

但是如何将情感需求运用在你身上呢？我们再来回想一下企业品牌。你年复一年地忠实于一个特定的品牌，这个品牌对于你已经超越了单纯的满足功能需求了。你已经进入到"品牌国度"中——在这里，品牌已经和你形成了情感联系。

拿我举个例子：我每天一直用同样品牌的牙膏刷牙，已经用了40年。但是我和我丈夫结婚只有10年。用一种统计学的算法，你可能会觉得我更有可能会对我丈夫不忠，而不太会更换牙膏品牌！（当然了，我也不会对我丈夫不忠，但是的确，我也承认我会对我使用的牙膏品牌非常忠诚……）关键是：有的人宁愿换配偶也不愿意更换一个麦片品牌。好的，那才真正是一个品牌，真正是一种情感上的联系。

好的，那么你不是一个麦片品牌，也正是因此，在个人品牌的打造中，与受众建立情感上的联系对于你来说更容易。可能有一个内部消费者，或者别的部门的人，不停地回来请你做更多的工作？毫无疑问，那是因为你通过建立一种信誉和信赖的关系，满足了那个人的情感需求。你所满足的功能需求是你提供的工作或服务，但是不仅如此，这个人知道你会按时地、高质量地交付工作。就好像我最喜欢的牙膏一样，那是强大的品牌打造。

练习：

你能满足什么样的功能需求？

功能需求。首先，我们来确定你能满足的功能需求。这些会包括你定期所做的任务。你的岗位描述中写的都是什么？你在工作中有什么职责？将它们列举在下面。

练习：

你能满足什么样的情感需求？

情感需求。你的受众同样有你能够满足的情感需求。这一开始可能有点令人困惑，因此，我在这里给出一个可能的情感需求列表，帮你开始想。在你认为你所满足受众的情感需求上画圈。你能否想到其他的情感需求？补充在列表上。

信任	诚实	诚挚
足智多谋	同理心	鼓励
创意	自立	勤勉
充满活力	责任	魄力
可靠性	精力	幽默感
灵活性	进取心	奉献
客观	不屈不挠	仔细周到
乐观主义	耐心	凭良心办事
想象力	多才多艺	果断
容忍	认真	合作
热心	口才好	决断力
忠诚	可靠性	承诺

现在检查一下你画圈的情感需求。选择两个你认为是受众最关键的情感需求，在它们旁边画勾标记一下。

更加深入挖掘

为了了解你的受众，你已经做了很多调查性的工作，这种挖掘让你发现了受众的需求。但是，你需要挖得非常深才能得到真正有价值的石油。

到那时你才能够真正决定你能满足特定的受众什么样的需求。记住，就好像在企业品牌中一样，你寻找的是：

● 一个需要解决方案的问题，

● 一个在市场中现在没有得到很好解决的问题，

和/或

● 我们原来不知道其存在的一个新问题。

通过自己的观察，你可能会发现未被满足的需求，但是你也可以直接向你的受众提问。比如，问你的受众，需要完成什么才能够使他们的工作更容易。你可能帮助解决他们的什么问题？你不需要让你的受众把他们的需求分为功能需求和情感需求。你一旦获得了他们的答案，就可以自己将其分门别类。但是放心吧，你表现出的主动和想要帮助的意愿，这已经展现出你是一个足智多谋和愿意合作的人了。

别忘了也要想一想，要满足受众的功能和情感的需求，需要什么程度的专长和知识。举个例子，高级税务会计这个工作的性质决定了其满足的需求与税务培训生是不同的。你有没有足够的经验满足受众的需求，或者你是否应该接受额外的培训？你的受众可能有一些你能满足的需求，那不错。你的任务就是找出你能满足的需求和你愿意满足的需求。

你的个人品牌必须符合你的经验、知识、才能和专长。如果是一块方砖不要试图把它填进圆洞中去。你一旦确定了受众的需求，你要决定你的个人品牌如何满足其中一个或者几个需求，同时还要展现出真实的你和**你**。

你的个人品牌定位报表

那么，你的受众需要什么？我们来看看我们的两名同事，他们如何填写这部分个人品牌报表的。然后，用他们的报表作指导帮助你填写好你的报表中需求这部分。

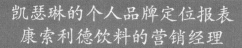

凯瑟琳的个人品牌定位报表
康索利德饮料的营销经理

我受众的需求是：

功能需求：非常有创意和魄力的高级营销者，能够担任新产品开发变革促进者的角色，这样吉姆和他的创新团队能够为康索利德饮料交付新的点子……

情感需求：……吉姆能够信任的人，能够承担这项任务带来的打击——也不会气馁。

埃里克的个人品牌定位报表
赫德森国际银行的分行副经理

我受众的需求是：

功能需求："可信赖先生"，个人银行业务经理，在分行中作为二把手——一个可以信赖的人，"不论花多少小时"都会完成工作，在客户服务方面建立卓越的标准，也可以相信他能够激励整个团队。

情感需求：看到年轻的赫德森新人们在高于自己他们预期的层面上有好的表现而感到骄傲。

希望以上的两个例子能帮助你将你所学到的关于受众需求的知识运用到你的个人品牌定位报表之中。你收集到足够的信息时，将定位报表中的需求这部分填写完整。

你的个人品牌定位报表

我受众的需求是：

功能需求：

情感需求：

需求

"我知道现在是吃午饭的时间。你看到了，
我已经预料到了你的需求！"

定义它

外因 **3** ▶

比较

5

个人品牌定位3号元素：比较

> 即使一个人只对他自己的社会感兴趣，当然这是
> 他的特权，如果他能将其与其他社会进行比较，就能
> 够更好地理解这个社会。
>
> ——哲学家彼得·伯杰

既然你已经定义了你的受众和他们的需求，你已经准备好接下来的比较这一步了。这是我们个人品牌系统步骤一：定义你的品牌中第三个，也是最后一个外部要素。在本章结尾，你的个人品牌定义就已经完成一半了！

还记得我们说过的个人品牌么？那是相比于他人，别人对于你的感知、思考和感觉。比较这个元素是"相比于他人"这部分所说的。

正如我所说的，企业品牌使用相似的元素，叫作竞争性框架。企业品牌互相竞争，以获得市场中的利润份额。比如说，对于洗发水来讲，只有那么多的消费者。潘婷和夏士莲各自在洗发水市场中占有一定的份额，这两个品牌的营销者总是试图增加自己品牌的市场份额，从对方品牌的份额当中切掉一块蛋糕。

但是在个人品牌中，没有可以量化的市场份额。如果你占

有一块蛋糕，并不一定意味着你拿走了别人的蛋糕。这就是为什么个人品牌与企业品牌从根本上是不同的。

这是因为人比企业品牌更为多维化。每个人都是独特的。你是一个独立的个人，你的个人品牌，以及它在你的事业和职场这些更大的框架中扮演什么样的角色，都取决于你。

我们再想想名人的例子来解释这一点。是的，的确有可能布拉德·皮特和罗素·克洛会在电影中竞争同一个角色，但是他们每一个人会给角色带来完全不同的东西。这就是为什么个人品牌与竞争没有特别大的关系，而更多的是关于比较。

你的个人品牌是相对于其他人而存在的，因此，不论你做什么，比较都是这个定义中固有的一部分。但是你与谁相比较呢？答案是：当你的受众有需求需要满足时，他可能会考虑的所有的人。比如，如果你是提供税务建议的，还有没有其他的税务会计可以用来代替你的？同时别忘了情感需求的重要性。如果在满足功能性需求的方面，两个税务会计做得一样好，你的受众会选择最好地满足情感需求的那一个，比如最可靠的那个会计或者可能是有着最"可以做到的"个性的那个人。

本章节将帮助你确定所谓的现有的比较，以及你想要的比较。每一个类目都包含两个部分。

现有的比较	想要的比较
你的标准工作标签	你想要的概念标签
你的标准比较集	你的延伸比较集

首先，我们集中看你现有的比较。

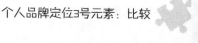

你现有的个人品牌

你的标准工作标签和比较集

如果我问你："喜力是什么？"你会回答："是啤酒，对吗？"在企业品牌中，一个品牌是什么，以及人们一般如何看待这个品牌，通常叫作这个品牌的标准身份。比如：

▲ 尼康是……照相机。

▲ 李施德林是……漱口液。

▲ 哈利-戴维森是……摩托车。

那么，这如何应用在个人品牌上呢？在我们的个人品牌系统中，我们把相当于标准身份的东西叫作标准工作标签。这是你的职务名称或者职务描述，是你在现有的工作中可以辨认的工作岗位。比如，你是不是：

● 人力资源经理？

● 销售代表？

● 媒体协调员？

● 首席财务官？

接下来，我们来想一想你的标准比较集。这是与你有相同或相似的标准工作标签的人，这些人也能够满足你的受众的需求。

练习：

对于你现有的比较

你的标准工作标签是什么？再次强调，这是你的职务名称或者职务描述。记录在下面。

现在，我们来创立你的标准比较集。谁和你持有相同或者相似的标准工作标签，因此，可能在满足受众的需求时选择他们而不选择你？换句话说，在工作中会拿谁来与你相比较？

1.

2.

3.

4.

5.

6.

7.

8.

你现有的个人品牌定位报表

如果你完成上面的练习有困难，用下一页中凯瑟林和埃里克的现有的个人品牌定位报表作为有益的指导。与我们前两个品牌定义元素（受众和需求）不同，从比较这个元素开始，余下的定位报表元素都会有现有的和想要的部分。但是现在，你将仅集中思考现有的比较，正如我们的两位同事所做的。

凯瑟琳的个人品牌定位报表
康索利德饮料的营销经理

现有的个人品牌定位报表

现有的比较

我现在的品牌是（你的标准工作标签）：
新产品市场营销总监

与之相比较的是（你的标准比较集——通常将你与之相比较的人）：

- 肖恩·唐纳森（市场营销总监，地位牢固的品牌）
- 埃伦·蒂尔南（营销服务总监）
- 比尔·兰利（总监，渠道营销）

埃里克的个人品牌定位报表
赫德森国际银行的分行副经理

现有的个人品牌定位报表

现有的比较

我现在的品牌是（你的标准工作标签）：
分行副经理

与之相比较的是（你的标准比较集——通常将你与之相比较的人）：

4—5个赫德森的分行副经理，工作年限相似。

好的，现在轮到你了。接着去下面填写你现有的标准工作标签和标准比较集。

你的个人品牌定位报表

现有的个人品牌定位报表

现有的比较

我现在的品牌是（你的标准工作标签）：

与之相比较的是（你的标准比较集——通常将你与之相比较的人）：

你想要的个人品牌

当你不只是你时

显而易见，你现有的工作标签远非一个有趣的、独特的品牌，是么？比如，如果你的职务是高级行政人员，这个标签不能将你与其他高级行政人员区分开，是吗？这里，你想要的概念标签就该起作用了，让你做出比你的工作标签规定的更多的事情。你如何思考自己、如何与他人相比较要有些创意。

最好的市场营销者也在他们所管理的品牌上做这个工作。如果喜力只将其营销为"啤酒"，它可能不会卖得很好。如果尼康只是一个老式相机的制造商，为什么人们要选择它而不是其他品牌呢？

理查德·车尔尼亚夫斯基和迈克·马洛尼是我做市场营销的同事，也是美国的品牌发展网络国际公司的合伙人。他们管这个过程叫作品牌的感知性竞争框架。以下是迈克和理查德用感知性竞争框架举出的几个知名品牌的例子：

星巴克不仅仅是一个咖啡屋……它是一个有益的咖啡体验。

佳得乐不仅仅是止渴的东西……它是终极液体运动器材。

士力架不仅仅是条形糖果……它是正餐之间的饥饿满足者。

诺基亚不仅仅是手机……它是时尚技术。

麦当劳不仅仅是快餐店……它是有趣的家庭食品目的地。

我们换一个方法来看这个事情，然后做一个练习：什么时候苹果不仅仅是苹果？ 如果你仅仅将苹果看成是一个苹果，那么你会自然地想到它是一个水果，对么？这样的话，那个苹果合理的比较集就应该是其他水果，比如葡萄、香蕉和橘子。

但是，如果你把苹果看作是"可携带的、方便的休闲食品"呢？那么，苹果的比较集就会扩大到其他的休闲食品，比如曲奇、燕麦棒和马铃薯片。但是苹果也可以是"每日健康维护的提供者"。如果你从这个角度看待苹果，它的比较集就应该是维生素补充剂、锻炼、正确的饮食、保持足够睡眠。但是等等！你还可以把苹果看作"漂亮的桌面装饰品"。它的比较集就应该包括蜡烛和鲜花。有概念了吗？

如果你能让受众以一种全新的方式看待你，你就会开启所有的可能性和机会。想想你希望如何被感知吧，让你的想象力飞。你如何把别人对你的感知从仅仅是一个经理变成"负责任的大师"？ 如果人们以这种方式看待你，不论什么时候有一个需要即刻解决的问题出现，你就是那个大家可以指望的人。那就是你想要的概念标签。

这里是你可能想要的概念标签的例子：

那个"把事做好的人"——当部门要应对一个挑战时，人们把你当作一个"终结者"。你是他们依赖于完成工作的人。

那个"连接器"——你总是在进行联络，知道每项工作最适合的人是谁。只需给你5分钟来查一下你的通讯录。

那个"紧张气氛缓解器"——当气氛非常紧张时，人们依赖你讲一个笑话，将笑容再带到每个人的脸上。

那个"创新者"——需要一个新点子的时候，每个人都知道来寻求你的想象力和创造力。

那个"发电机"——当需要能量和韧性时，你是第一个跳到人们脑子里的人。你会让每一个人有积极性、切中要害，直到工作完成。

"精确先生或女士"——当有件事情需要从一开始到最后的细节都要做得正确时,大家都知道你的工作会一丝不苟和确切。

塑造个人品牌也可以很有趣！

南希是新来的高级行政人员，在她的个人品牌定位报表中，她决定她想要的概念标签应该是"办公室管理团队的'瑞士军刀'"。

虽然南希可能从来没有对任何人讲起过这个标签，她用这样的新方法来想自己感觉很有乐趣。她喜欢在工作中把自己看作"瑞士军刀"。这给她在工作中卓尔不群的机会，使别人注意到她是谁，她能提供什么。这是能够让她走很远的个人品牌的开始，这肯定比"高级行政人员"给力，不是吗？

这个故事的寓意？享受进行创意的机会，你会想出让你不只是你的方法！

比较

练习：

你不仅仅是显而易见的部分

1. 是时候要发挥想象力，看看不那么显而易见的部分了。你还能是什么呢？进行头脑风暴，直到你能想到许多可能性，让你的头脑不用审查疯狂地跑一会儿。你永远都不知道什么时候宝石就会从最初看来荒唐的东西中蹦出来。

试着用可能想要的概念标签填到每一个空白中去（或者更好的情况是，把这些填完再新起一页！）但是你不用一次把这些都做完。把它放到一边，回来用新鲜的目光来看。你会发现新的想法，其中有一些可能是在未来的几天会跳到你的头脑中的想法。不要犹豫，邀请朋友和同事与你一起头脑风暴。

例子：我不仅仅是一个高级行政人员；我是办公室管理团队的瑞士军刀。

现在，你来试一下：

我不仅仅是一个＿＿＿＿＿＿＿；我是＿＿＿＿＿＿＿。
我不仅仅是一个＿＿＿＿＿＿＿；我是＿＿＿＿＿＿＿。
我不仅仅是一个＿＿＿＿＿＿＿；我是＿＿＿＿＿＿＿。
我不仅仅是一个＿＿＿＿＿＿＿；我是＿＿＿＿＿＿＿。
我不仅仅是一个＿＿＿＿＿＿＿；我是＿＿＿＿＿＿＿。
我不仅仅是一个＿＿＿＿＿＿＿；我是＿＿＿＿＿＿＿。
我不仅仅是一个＿＿＿＿＿＿＿；我是＿＿＿＿＿＿＿。

2. 现在练习一下你的想象力，你如何决定将你想要的哪个概念标签应用于你想要的个人品牌上？回到你的个人品牌定位报表中的需求那部分。你哪个可能的创意标签最能满足你的受众的需求，并且使你听起来最兴奋？

你选好了想要的概念标签时，把它填写在这里：

你做好了选择后，不要以为它们一定是板上钉钉了。随着你完成个人品牌定位报表的余下3个元素，你可能会发现你会想改变你想要的概念标签，这完全是可以的。但是，现在做出一个选择，让你能在个人品牌定位报表中继续进行下去。

选择，选择，更多的选择

你是否知道有的时候，受众的需求可以被什么而不是谁所满足？这里就该出现你的扩大的比较集了。为了完成你的个人品牌定位报表的这一部分，你要列出一个表格，里面是你的受众要满足自己的需求的所有选择。这些需求能否被一个外部公司满足？电脑程序能否做这个工作？一份工作或者整个一个部门能否外包给另外一个国家？

用这个方法想一想。比如说你今天早上起床后背疼。所有能够帮助你解决这个问题的选择都有什么？你可以：

● 进行按摩。

● 去找脊椎指压按摩师或者整骨医生。

● 洗个热水浴。

● 用冰袋或者热疗。

● 吃去痛药。

● 躺到床上去。

● _____ 你还能想到有什么其他选择？

现在，按摩理疗师想让你预约进行按摩。另外一方面，药品公司想让你买药去吃。这就是药品公司如何满足其受众的需求，公司的责任就是要说服受众，吃药是满足这个需求最好的选择。

个人品牌的原理是一样的。你的受众可能有许多能够满足他们需求的选择，下面一个练习将帮你确定这些选择是什么。

练习：

你的受众及其扩大的选择

在以下列出你的受众的每一个需求，列出满足你的受众的每个需求的不同的人和不同的选择。在标准比较的条条框框外进行思考。这个列表将包括你想要的个人品牌定位报表的扩大的比较集。

你受众的需求	谁或者什么能满足这个需求？尽可能多地列举出选择。
例子：有创意的新产品的想法	● 肖恩·唐纳森（市场营销总监，地位牢固的品牌） ● 埃伦·蒂尔南（营销服务总监） ● 比尔·兰利（总监，渠道营销） 以及…… ● 知名的外部"点子顾问"。 ● 不同机构的高级创意人员。 ● 对于其成功经验发表过文章或者出版过书的新产品"发布者"。

你想要的个人品牌定位报表

那么，我们的两名同事如何将这些练习运用到他们想要的比较上去呢？看下面的部分。他们真的想到了他们的受众满足需求的许多选择，他们也创造出新的想要的概念标签来解释他们想要被感知的样子。

凯瑟琳的个人品牌定位报表
康索利德饮料的市场营销经理

想要的个人品牌定位报表

想要的比较

我想要成为这样的品牌（你想要的概念标签——你想要被感知的方式）：

新点子战士，在组织中支持其他人的点子，同时开发新的、制胜的产品点子。

与其相比较（你扩大的比较集——你可能与之相比的其他选择）：

其他现有的市场总监加上：
● 知名的外部"点子顾问"。
● 不同机构的高级创意人员。
● 对于其成功经验发表过文章或者出版过书的新产品"发布者"。

埃里克的个人品牌定位报表
赫德森银行的分行副经理

想要的个人品牌定位报表

想要的比较

我想要成为这样的品牌（你想要的概念标签——你想要被感知的方式）：

"黄金标准"服务冠军

与其相比较（你扩大的比较集——你可能与之相比的其他选择）：

与"现在的"相同，加上在顶级财务策划与投资公司的高级客户经理。

现在，你已经准备好带上所学的东西，将其运用到你的个人品牌定位报表之中，填写好你想要的比较。在下一页上写下你想要的概念标签和扩大的比较集。

你的个人品牌定位报表

想要的个人品牌定位报表

想要的比较

我想要成为这样的品牌（你想要的概念标签——你想要被感知的方式）：

与其相比较（你扩大的比较集——你可能与之相比的其他选择）：

我希望本章能开拓你的思路，知道满足受众的需求有多种不同的方式，另外在定义你的个人品牌时，能够获得创意的乐趣。

独特优势

4 内因

6

个人品牌定位4号元素：独特优势

> 要知道你在事物的永恒体系中是微小的，你同样也是独特的和不可替代的，就像全世界所有的人类伙伴一样。
>
> ——加拿大作家玛格丽特·劳伦斯

如果有人把你的受众当街拦下，问——"＿＿＿＿＿＿【这里插入你的名字】代表什么？"——你的受众会对你有何评价呢？他们会具体地说你是谁、你能做什么呢？这些就是你的独特优势。它们是你个人品牌的具体要素，也是我们个人品牌系统步骤一中第一个内部元素。那是因为你的独特优势和你的内部实力是有关系的，这能够满足你受众的需求，也能够把你和你的比较集区分开来。说实话，你的独特优势才是像车轮压在路面上那样的实实在在的部分。

在企业品牌中，独特优势叫作一个产品所带来的好处。这是在目标市场的头脑中，一个品牌能给予的——以及想给予的——最有意义的承诺。我们举一个熟悉的品牌为例。你听到沃尔沃这个名字时，会想到什么？安全，对吗？这个好处能够将沃尔沃与梅赛德斯-奔驰、克莱斯勒、丰田以及市场上其他品牌的车区分开来。

沃尔沃在它的品牌形象上做得非常不错，我甚至怀疑它是不是被全世界的人们都认为是最安全的汽车产品线。

在企业品牌中，好处的概念回答了目标市场的问题："这对我有什么好处？"在个人品牌中，你的独特优势回答了受众的问题："这对我有什么好处？"

"那张照片描绘了他想要的独特优势！"

你现有的个人品牌

挖掘你的优势

但是你如何确定独特优势是什么呢？有几个方法可以使你精确地找到它们。给自己一些休闲时光回想一下你能提供什么，尝试用这些想法找到你已经在工作中使用的独特优势：

注意。在别人谈论你的时候，静静地听他们说什么。当别人引见你的时候，他们用什么词语来描述你？在你做演讲或者领奖的时候，别人对你的介绍特别能体现这一点。如果你近来没有被正式地介绍过，你有没有过去的活动的纲要或者材料，里面有别人对你的描写？

回顾评价。如果你像多数人一样，你在读到对你的表现评价时，会注意看你的缺点。但是，如果你再次看一下你过去的评价的话，你可能会看到独特优势贯穿始终都是一致的。这些对于你特殊的才能有何评论？领悟言外之意，发现你区别于其他人的品质。

用人格剖析图来测试。有一些人格测试能够让你洞察到你的独特优势，比如迈尔斯·布里格斯（www.myersbriggs.org）。在做这些心理测试的过程中，你可能会发现一些关于你自己的新情况。如果你买了《现在，请发现自己的长处》这本书，你可以在www.StrengthsFinder.com上做电脑化的测验，这会帮助你发现你的前5个优势。

问你的朋友和同事。仅仅在内心寻找不能帮你发现所有的独特优势。也要问别人！

正如你提问题以了解你的受众和他们的需求，让你的朋友和同事告诉你他们认为你的独特优势是什么。让他们来透露一下他们认为你有哪些方面超常、罕见和特殊。当然，你要问那些对你非常了解的人，并且确保他们知道你想从他们那里听到诚实的答案。

询问反馈可能不舒服，但是如果不这么做，你会对你的优势的理解非常狭窄。别人对你10次有9次的判断都不像你自己那么苛刻，他们会注意到你许多积极的品质，而你自己可能完全忽视这些。有了这些信息在手上，你可能会为你的个人品牌发现很合适的独特优势！

这些是你可以问别人的一些问题，可以随意在列表上添加问题。

1. 当你想到我的时候，你首先想到的几个积极的品质是什么？

2. 你认为我拥有什么样的特殊才能？

3. 我有什么样的与众不同的特质？

4. 我是否有超常或者罕见的特质？如果有，是什么？

5. 你认为我最好的一些品质是什么？

6. 你向别人介绍我或者我的工作时会说什么？

7. 如果你试图说服别人雇用我，你会说什么？

练习：

你独特优势的列表

在此列举你发现的你的独特优势。你有没有发现有些优势是你之前没有意识到的？

1.   2.

3.   4.

5.   6.

7.   8.

9.   10.

11.   12.

你的受众需要你

我们还只是在初始阶段，但是对于你的一些独特优势，你已经有了一个初步列表。但是，关键的是，你的优势必须要符合你受众的需求——你的受众的需求和你的优势之间有直接的关系。

那么，这意味着什么呢？你会有一些独特优势符合你受众的功能需求，你还有一些独特优势符合你受众的情感需求。因此，你的独特优势应该既有功能上的也有情感上的。

我们再来看一看沃尔沃。安全是沃尔沃能够满足的功能需求，因为沃尔沃汽车有内在的设计特征，在发生事故的时候能够让乘坐者避免伤害。而且沃尔沃安全的特点也能让人安心，这满足了情感需求。

在个人品牌中，比如一项独特的功能优势可以是，你能够提供优秀的、详细的报告。你可能管这个叫作"准确"。一项独特的情感优势是，你有能力每次都按时提供这些报告。你可能把这个叫作"可靠"。了解了么？（但是，注意，那个——就像沃尔沃一样——有些优势可能同时可以放入功能和情感两个类目里。）

我们不要忘了你受众的情感需求！你满足受众情感需求的独特情感优势在个人品牌中可能很强大。

你可能会发现你的受众的情感需求和你相应的独特优势有时是一样的。这很好——在企业品牌中也会出现这样的情况！另外一方面，如果你发现你的独特优势不能像你希望的那样满足这些需求，别担心！这会在你开发想要的个人品牌时，让你有需要努力的部分。

练习：

你的独特功能优势：

还记得你在需求那个章节的练习中列举了在工作中定期完成的任务么？这些是你现在满足的受众功能需求。我们把那张列表拿出来，与你刚刚完成的练习中的独特优势进行比较。你列表上的独特优势满足你的受众的功能需求么？

列举出除了你在工作中以独特优势满足的需求以外，受众的其他功能需求。看下面的例子来理解我所说的是什么意思。（如果你有一个优势能够满足所有的需求是可以的。这给你一个概念，在哪里能够发展出新的独特优势，打造你想要的个人品牌。）

然后，用以下的量表来评估你的独特的功能优势能在何种程度上能够满足受众的功能需求：

1=我完全不能满足这个需求。

2=我能稍微地满足这个需求，但是在平均水平以下。

3=我能在平均水平上满足这个需求。

4=我能较好地满足这个需求。

5=我能在很大程度上满足这个需求。

6=我能优异的满足这个需求。

你受众的功能需求	你独特的功能优势	你1—6的等级
例如：准确的财务报告	精确	5

1.

2.

3.

4.

5.

6.

练习：

你独特的情感优势

还记得第四章中我们受众需求的列表么？同样的概念和想法可以运用到你的独特优势之中——毕竟说，你的独特优势应该满足受众的需求！在第四章中，你选出了受众最重要的两个情感需求。把这两个需求列举在下面，然后，使用1到6的量表评估你满足每一个需求的能力：

1=我完全不能满足这个需求。

2=我能稍微地满足这个需求，但是在平均水平以下。

3=我能在平均水平上满足这个需求。

4=我能较好地满足这个需求。

5=我能在很大程度上满足这个需求。

6=我能优异的满足这个需求。

你受众的情感需求	你独特的情感优势	你1—6的等级
例如：可靠	可靠	4

1.

2.

3.

你做得怎么样？

现在你已经把独特优势运用到受众的需求上了，你会属于以下4类中的一类。选出下面最好地描述你的一项。

1. 我已经有了满足我受众需要的独特优势，我也已经在工作中展现出这些优势。

2. 我已经有了满足我受众需要的独特优势，但是我没有在工作中展现这些优势。

3. 我没有满足我受众需要的独特优势，但是我愿意发展出这些优势，因为我能够也愿意满足我受众的需求。

4. 我没有满足我受众需要的独特优势，而且实事求是地说，我不愿意发展这些优势，因为那距离真实的我太遥远了。

如果你属于第一类，祝贺你！你现有的独特优势和你想要的独特优势基本上是相同的。你要做的事情只是继续在你的独特优势上下功夫，确保受众认识到并欣赏它们。

如果你属于第二类，你现有的独特优势和你想要的独特优势仍然基本上是相同的，但是你需要确保在工作中得以表达和承认。别担心——这本书下一个部分将要告诉你如何做到这一点！

如果你属于第三类，你现有的独特优势和你想要的独特优势是不同的。没有关系。你可能有一些工作要做，你也可以制定一个计划，发展你需要的独特优势，打造你想要的个人品牌。你有做到这一点的愿望和热情，你也会做到的。

如果你属于第四类，你现有的独特优势和你想要的独特优势是不同的。发现自己处于这个境况中可能会让人有些灰心，但这也是真挚的自我反省的机会。

你可能会考虑在你的单位中换一个工作，或者甚至是换一个新的、能更好欣赏你的独特优势的单位或职业。不管是哪一种，你现在都知道你需要找到更符合你独特优势的工作/受众，毫无疑问，如果是那样你会更快乐。

你现有的个人品牌定位报表

使用上面的建议花一点时间找到你的独特优势。你认为你哪方面的优势在工作中表达得最多？这些是你现有的独特优势。看一下以下我们的同事的个人品牌报表，看看他们自己描述的现有的独特优势是什么。你可能会发现你现有的独特优势是实实在在的，但是不像你想像的那样让人兴奋。或者你可能发现你到现在根本没在你的事业中表现出你最大的独特优势。如果情况是这样的话，不要担心。在本章后面的部分，你决定了想要的独特优势后，能够解决这个问题。

凯瑟琳的个人品牌定位报表
康索利德饮料的市场营销经理

现有的个人品牌定位报表

我现有的独特优势是：

1. 快速、分析性思考。
2. 创意。
3. 市场营销部门的个人领导力。

埃里克个人品牌定位报表
赫德森国际银行的分行副经理

现有的个人品牌定位报表

我现有的独特优势是：

1. 数字能力，特别是精确性。
2. 随和的个人风格，让客户觉得舒服。
3. 对于银行业务有热情。

现在你已经看到了凯瑟琳和埃里克的定位报表，在以下填入你现有的独特优势。实事求是地填写你现在在工作中表现和展现出的独特优势。

你的个人品牌定位报表

现有的个人品牌定位报表

我现有的独特优势是：

你想要的个人品牌

对于更为独特优势的寻宝

如果你需要开发新的独特优势——不管是在现有的岗位上建立你的个人品牌，还是找一份与你想要的个人品牌更适合的新工作——以下的练习都能够帮助你发现更多的独特优势。

即使你的独特优势已经很棒了，你可能会发现以下的练习能够帮助你发现之前不知道其存在的更多优势，或者你想要自身发展出的其他优势。

列举出你的价值观。盘点对于你最重要的事情。如果你认为值得信赖是比其他一切都更重要的，这就是你想要应用于你的个人品牌的独特优势。如果解决问题对于你来说是最重要的，这可能就是你想要你的名字与之联系起来的优势。但是，你建立列表的时候，确保你没有借鉴别人的价值观。有的时候，你的同伴、父母的价值观会与你的价值观相混淆，但是你需要保证你的个人品牌的基础真正是你自己的。你的价值观列表能够帮助你确定，你的哪些优势对你最有意义。如果你非常在乎你的个人品牌中所展现出的独特优势是什么，你会对自己所做的事情充满热情。

列举你的热情。人们通常在他们最热爱的活动中表现卓越，因此你的独特优势与让你非常兴奋的事情直接相关。如果你对独特优势充满热情，这个热情会驱使你做好，你会享受其中的每一分钟。比如，我对品牌有热情。我爱品牌，我研究它们，我了解它们，我教授它们。认识我的人听到我的名字"布伦达·本斯"，他们会想到"品牌打造"。然而，我们通常太卷入生活中"应该的事"中，我们会忘掉我们的热情所在。因此，列举出能够引起你的热情和快乐的活动和事物，不要仅限于举出与业务相关的事物。你会发现在你生活中的热情里包括先前未预料到的事情。

倾听你的热情

　　我和丹妮在一个教练研讨会上相识，我很快了解到她和她的丈夫是狂热的马匹爱好者。他们拥有一个大牧场，在那里养马，并且经常骑马。有一天，她和她的丈夫各自上了马，准备骑行一段长路，但是她丈夫的马拒绝挪步。这之前从未发生过。然后，马儿做出了更奇怪的举动：它抬起头，反复地轻轻敲打她丈夫的胸口。他们不知道出了什么问题，直到几分钟后，她丈夫心脏病发作，从马上掉了下来。

　　这匹马显然感觉到了丹妮的丈夫出了些问题，拒绝向前走以保护他。丹妮和她的丈夫感谢亲爱的马儿救了他的命，因为如果走出去了以后，可能会走得太远，没有办法给予他需要的即刻救治。

••••••

　　但是，几个月之后，当我和丹妮一起定义她的个人品牌时，她根本就没有提到马儿的事情。毕竟她有许多需要整理的才能——她是一个教练、一个瑜伽老师、作为人力资源顾问有着25年的经验。马跟她的工作有什么关系呢？

　　随着我们继续列举丹妮的独特优势，我注意到她听起来对多数优势并不热情。最后，我请她说——从她脑子里先跳出来的，而且不用过去想——她最有热情的一件事情，她回答得很快：马儿。

　　通过我们一起的研究，丹妮开始意识到与马打交道和与企业团队打交道非常相似。和马打交道的过程中可以学到许多领导技巧。比如，你需要仔细选择马儿，正如你需要仔细选择团队一样。你需要驯服马儿，以便能很好地与其打交道，正如你需要学会和你的团队合作，以便他们能很好地一起共事。结果，丹妮决定为企业管理人员开发一个培训项目，带他们到大牧场上去，和马儿呆在一起，学习领导力的工具。尽管这意味着丹妮最终告别了她在企业中的工作，她还保持着与企业的密切联系，创立了自己独特的帮助其他企业管理人员的业务。

　　丹妮能够运用她真正喜欢的东西了——这是一个隐形的独特优势——在马儿辅助的领导力开发这方面，创造出利基。这个故事的寓意是什么？<u>在你的个人品牌中要找到使用你的热情的方式，并且创造性地进行思考。寻找出你之前可能从未考虑过的独特优势。</u>

练习：

列举你的价值观和你的热情

列举出你的价值观。其中哪些对你至关重要。

列举出你的热情。哪些是你最喜欢的和最享受的？

记得你的比较集么？

另一个找到你的隐形独特优势或者你想要培养的独特优势的方法就是将自己与你的比较集中的人进行比较。做下面的练习，看看对于你的独特优势，你是否有新的发现。

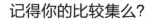

练习：

1号比较与对比

有的时候，想想别人的独特优势能够帮助你想到自己的优势。将你现有的和扩大的比较集中的人名写在下面。写下这些人满足你的受众的功能需求和情感需求的独特优势。用下面的例子做个指导。

名字和职务	独特优势
例子：克雷格·安迪森，经济分析师	**功能**：满足受众第一次就要求准确的财务报表。 **情感**：满足受众对于可靠性的需求。
	功能： **情感**：
	功能： **情感**：
	功能： **情感**：

练习：

2号比较与对比

回顾你现有的和扩大的比较集。然后，从你的比较集中选出最关键的两个人。你在工作中能提供这些人不能提供的什么东西？确定出相比于其中的每一个人你有何独特，写下你满足受众的功能和情感需求的独特优势。

你可能会想在你现在还不具备、但是想要在自身发展的独特优势旁边画一个星号。你可能想要在你已经具备、但是在工作中还未展现出来的独特优势旁边画对勾。这会给你描绘出要达到想要的个人品牌需要做哪些工作的路线图。看下面的例子来理解我的意思。

名字和职务	让你与众不同的独特优势
例子：克雷格·安迪森，经济分析师	功能：√创新——在财务报表方面我能比克雷格设计出更好的版式。 情感：★多才多艺——我想要开发出克雷格似乎不愿意接受的品质。
	功能： 情感：
	功能： 情感：

简化你的优势

那么，你击败了受众的需求，你已经对所有的独特优势做了全面的分析，你在这两者上都有了长长的清单。现在是进行选择的时候了。你需要选择哪些独特优势成为你想要的关键优势——也就是，你个人品牌的核心。当然，你所选择的独特优势也应该能够很好地满足你受众的需求！

我知道选择并不容易，但是正如作家彼得·德鲁克所说："不管你在哪里看到了一个成功的业务，都是有人曾经做了一个有勇气的决定。"对于个人品牌来讲也是一样的。

我们再来看一下沃尔沃这个例子。很容易记得这个品牌代表安全。如果试图让这个品牌代表安全，加上可靠、漂亮、创新的风格、与众不同的附加设备，你就会眩晕了，不是么？多数的企业品牌都试图拥有一到两个特殊的优势。潘婷拥有健康、闪亮的秀发。海飞丝拥有美丽、无头屑的秀发。这并不是说这些是品牌们能给出的仅有的好处。它可能同样拥有宜人的香气、保湿成分，来自有很好声望的生产商，等等。但是好的市场营销者会做出选择，这就意味着坚持真正想要——也能够——拥有的一到两个核心优势。最好的广告口号简短亲切，突出这些核心优势——这就是它们如何被很好地记住。

个人品牌也是一样的。你需要选择一到两个——至多三个——你能够并且想要拥有的最重要的三个核心优势。许多人在此止步不前，他们说："等一下，布伦达！我不止有这些，我是个多面手。我有许多独特优势，我想在工作中把所有的都用上！"当然，你应该运用所有这些，你也会的。这并不意味着你在工作中想要发展的独特优势上做出努力。但是你最想要把你哪些独特优势和你想要的个人品牌联系起来？你想要你的受众记住你代表什么（不论他们是否能够将其说出来）？你的受众只能记住这么多，而且你要保持一致以便你能因为特定的独特优势为他们所熟知。

当你评估自己的独特优势时，再次想一想你希望别人对你有何感知、看法和感受。在关于你最有意义和最与众不同的品质中，你想要哪两三个品质跳到别人头脑中？

你想要成为什么样的人，你想要如何被人记住？这些特定的独特优势能否满足你受众最重要的需求？

你的个人品牌在许多方面来讲，是你的遗产。这给你了机会在工作中通过你已经有的和想要发展的才能和优势使你变成想要成为的人。

你想要的个人品牌定位报表

花些时间研究你的独特优势的列表，确定其中最重要的两三个。看看凯瑟琳和埃里克想要的独特优势。这些比他们现有的独特优势更令人兴奋和有价值，对吗？

当你划定了想要的独特优势的范围，你认为这些是你想运用到个人品牌之上的独特优势——不管是你已经拥有的优势，还是你需要进一步努力开发的优势——将它们添加到你的个人品牌报表里想要的独特优势中去。

不论如何，别期望你马上就有了清楚、有凝聚力的个人品牌。如果需要的话，你总是可以改变你个人品牌报表的任何部分。现在，从你现有的工作出发，做到最好就可以了。这个前期工作会很好地为你服务，当你从头至尾完成了本书中阐述的过程时，你就会很好地知道需要作出什么调整以便完成想要的个人品牌定义。

凯瑟琳的个人品牌定位报表
康索利德饮料的市场营销经理
想要的个人品牌定位报表

我想要的独特优势是：
1. 坚定的跨部门领导，能够推动团队进行贯彻……
2. ……不拘一格的创造性，为产品带来新点子和突破。
3. 更聪明地预测到跨部门的路障，并为其找到解决方案。

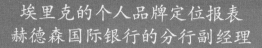

> **埃里克的个人品牌定位报表**
> **赫德森国际银行的分行副经理**
>
> 想要的个人品牌定位报表
>
> **我想要的独特优势是：**
>
> 1. 以非常优异的方式、不动摇的可靠性完成工作，而不仅仅是完成工作。
> 2. 以身作则以便其他人效仿。
> 3. 有让分行经理感到骄傲的能力。

好的，又轮到你了。即使你现有的独特优势是实实在在的，也很能满足你受众的需求，试着建立在你现有的优势之上，挑战你自己，使得你的优势更为独特，更能满足受众的功能和情感需求。

> **你的个人品牌定位报表**
>
> 想要的个人品牌定位报表
>
> **我想要的独特优势是：**

现在你真的在筹划了！毫无疑问，你对自己和你在工作中的身份有了很多了解。希望通过分析你的独特优势，你更好地理解你在工作中能够提供什么。

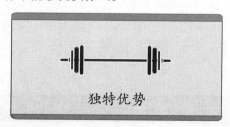

独特优势

定义它

原因

5 内因

步骤一

7

个人品牌定位5号元素：原因

> 想要有说服力我们必须可信；想要可信我们必须可靠……
>
> ——美国播音员、记者爱德华·R.默罗

你已经差不多完成你个人品牌的定义了！我们现在已经开始涉足个人品牌定义5号元素了——我们另外一个内部要素——原因。这指的是为什么你的受众应该相信你能给予特定的独特优势。这是可靠性。你的原因给予你的受众许可，相信你能做到你所声称的事情。

企业品牌元素也包括原因，并以不同的形式存在。以下列举了受欢迎的品牌以及消费者相信这些品牌能够提供的好处的原因。

品牌	原因	原因类型
多芬	1/4保湿霜	成分
露得清	值得推荐的第一号皮肤科医生	认可
谷歌	信鸽排名①搜索技术	设计
百达翡丽	手表是手工制作的	工艺
喜力	欧洲第一号进口啤酒	营销经验
依云	来自卡莎绅士花园水源的水	水源

---

① 网页排名（PageRank）是谷歌专有算法，用于衡量特定网页相对于搜索引擎索引中的其他网页而言的重要程度，它的值决定了搜索中网页的排名。上文的信鸽排名（PigeonRank）是网页排名（pagerank）的同音词，是谷歌在某次愚人节用来搞笑娱乐大众的。

在个人品牌中，原因也有不同的形式：

教育。你的原因可能是你获得了著名大学的学位，或者可能是你参加了特殊的培训课程，使你做好了充分的准备运用你的独特优势。

经验。你的原因可能跟你的工作经验有关。可能是你在该领域经历了很多年，或者你写了一本与你的独特优势相关主题的书。你可能做讲座，进行研究，创立或者参与项目，使得你特别有资格提供你的独特优势。

认可。对你很了解的人给你写推荐信或者证明书，使得你的受众很有理由相信你能做到你所承诺的事情。在雇用的程序中，推荐信——由各种形式的认可构成——是非常重要的，不是吗？别人为什么选择你与他共事，而不是你的比较集中的其他人。有良好的声誉的人对你有高度评价，这是一个强有力的原因。

不管你的原因是什么形式的，它们需要足够有力，使得你的受众相信只有你能够满足他们的需求。重要的是你每一个独特优势都有一个原因来证明受众有理由信任你。如果一个品牌的洗发水只是说自己是市场上最好的洗发水，你会相信吗？不会，你需要某种形式的证明，证明这种洗发水比其他的都好。它需要给你原因为什么它是最好的，比如一种新成分，在秀发中增加光彩，或者一种特殊的维生素，使你的头发保持健康。

为什么？

你现有的个人品牌

为现有的个人品牌定位报表确定现有的原因，第一步是为前一章你所选出的每个独特优势赋予一个原因。

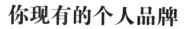

练习：

你的优势背后的原因

尽可能列举你的受众为什么相信你能提供现有的每个独特优势的原因。

例子：	现有的原因：
现有的独特优势：	● 软件开发领域10年的经验。
编写创新的软件程序	● 纽约大学计算机技术学位，包括：为领域中的一位顶尖创新者工作5年的经历，参与世界上最畅销的两款软件程序的开发工作。

现在，轮到你了

你现有的1号独特优势：	你现有的原因：
你现有的2号独特优势：	**你现有的原因：**

你现有的个人品牌定位报表

你觉得我们的同事找到了什么样的原因？在这里看看他们现有的个人品牌定位报表。然后，将你在上面的表格中所写的原因记录到你的定位报表中原因这部分。

凯瑟琳的个人品牌定位报表
康索利德饮料的市场营销经理

现有的个人品牌定位报表

我现有的原因（为什么我的受众会相信我能提供现有的独特优势）是：

1. 在市场中已经有几个产品线扩展的成功案例。
2. 在康索利德饮料公司，4年中提升3次。
3. 开发出2—3个新产品的促销推广。

埃里克的个人品牌定位报表
赫德森国际银行的分行副经理

现有的个人品牌定位报表

我现有的原因（为什么我的受众会相信我能提供现有的独特优势）是：

1. 4年中在银行所有职能部门工作过。
2. 按时提升到银行副经理。
3. 银行客户主动给予的无数赞美（由银行经理收到）。

你现有的原因是什么？填在下面。

> ## 你的个人品牌定位报表
> ### 现有的个人品牌定位报表
>
> **我现有的原因**（为什么我的受众会相信我能提供现有的独特优势）是：

运营总监

BBBrown

"你总是那么反对我的建议，一定有什么原因。"

你想要的个人品牌

你的原因——它们能更好吗?

你回顾现有的原因时,有没有想过它们是否足够强,或者足够引人注目,来让你的受众相信你能提供你想要的独特优势?如果是这样的话,你会想要开发出新的原因,以牢固地建立你想要的个人品牌。这在你的个人品牌定位报表中成为你想要的原因。从你的教育、经验、认可方面来想。在面对你的受众时,你能做什么来创造更多、更强的可靠性以支持你的独特优势?

练习:

探索可能性

头脑风暴一下可能支持你想要的独特优势的原因。首先让你的头脑不要判断。这样做的时候,你可能会发现令人惊叹的原因。把你的这些想法按照教育、经验、认可分门别类。

在自由地进行头脑风暴之后,你可以回顾每一个想法,然后考察一下哪些是可以从事的。记住:追求一个你不喜欢的原因没有意义!如果坐下来听一场行业会议听起来是你最不想做的事情,那就去找一个别的原因支持你想要的独特优势。

不管你做什么来建立你的受众对独特优势的信任,你需要过得愉快。否则,你就做不了的。这就是人性,生命太短暂了,不能浪费在你不喜欢的事情上。另外一方面,不要让恐惧挡住你的道路。比如,即使你觉得写文章或者写书有挑战,可能有点紧张,如果这个想法让你感到兴奋,去找你需要的帮助,然后做吧!

现在,你应该选择多少个原因呢?答案取决于你的受众觉得多少个有意义。需要多少个原因能够真正将**你**和你的比较集

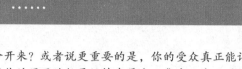

区分开来？或者说更重要的是，你的受众真正能记住几个？最好将你的原因的数量保持在最少。集中注意于质量，而不是数量。如果你的受众不能恰当地记起你的原因，不能考虑选择**你**而非其他人时，这些原因就都无关紧要了！

例子：	可能的新的原因：
想要的独特优势：建立得到承认的、同类最佳软件程序。	**教育**： 在持续的基础之上，不断受到教育，学习软件开发中的创新。 每年在全世界参加几个行业会议。 **经验**： 在工作中设立新的项目，通过开发新的软件程序解决长期存在的问题。 为公司内部新闻简报和/或商业杂志写一篇关于软件开发的文章。
你想要的1号独特优势：	可能的新的原因： **教育：** **经验：** **认可：**

现在轮到你了：

你想要的2号独特优势：	可能的新的原因：
	教育：
	经验：
	认可：

是做研究的时候了

重要的是做些调研，找出究竟你的受众需要什么才能相信你可以提供你所承诺的独特优势。比如说你是一个税务会计，你在领域中有5年的经验，有会计的本科学位，辅修商业。你想要向受众证明的、你想要的独特优势是"所有企业内部的税务会计中最为知识丰富的一个"。你如何发现需要什么才能说服你的受众，你有这个独特优势呢？

● 让你的受众告诉你原因，这可以达到目的。如果有更多的经验、更多教育、更多认可是不是更好呢？

● 在你的比较集里看看公司中其他成功的会计的情况。他们的原因是什么？

● 研究其他成功的公司中的会计，可能你可以邀请其中一到两名吃个午餐，来找出他们的原因。

通过你的研究，你可能会发现，比如你想要的原因中包括获得一个注册管理会计师文凭。如果是这样的话，在本书的下个章节中，有一些东西可以应用到你的个人品牌营销计划中。

建立一个原因

保罗是波兰华沙的一个大律师事务所中的律师。他觉得很难引起别人的注意，不仅是与工作在同一家律师事务所的其他律师相比，与同城的其他律师相比也是一样的。这里有许多律师事务所，专做一行在这里不是业务可行的方式。的确，想要在波兰的法律界过得好一点儿的方式就是要成为一个通才。那么，这会给保罗什么启发呢？

他决定使自己与众不同的一个方式是写一本关于在波兰做生意的法律事务方面的书。然后，他做了所需要的研究并完成了写作。来自国外的、想在波兰市场上扩展业务的公司需要这本书。这本书为保罗建立了强大的原因，使得受众相信在波兰建立公司雇用保罗做律师是正确的。突然间，他被看作、也被当作专家来聘请，因为通过写了该主题的书，他证明了自己是一个专家。正因为写了这本书，保罗经常被杂志采访，并被邀请在会议上演讲，这进一步强化了他作为专家的个人品牌形象。另外，从这本书带给他的名声中，他也获得了几个付款丰厚的客户。

这个故事的寓意是：如果你还没有所需要的原因，要自己创造出来。不论你做什么，找到方法把自己打造成专家。这不意味着你要写一本书。还有什么样的其他活动可以将你和你的环境区分开？或许你可以写一些文章。可能你可以参加一个课程，或者获得证书来证明你的确能够给予你想要的独特优势。

你想要的个人品牌定位报表

你已经看到了我们同事的现有的原因。现在，我们回顾一下他们想要的原因。他们的选择有没有给你一些启发？然后，在你的个人品牌定位报表中，记下你自己的想要的原因。你能在哪些强有力的原因上下功夫，来证明你想要的独特优势？

凯瑟琳的个人品牌定位报表
康索利德饮料的市场营销经理

想要的个人品牌定位报表

我想要的原因（为什么我的受众会相信我能给予我想要的独特优势）是：

1. 在战略计划演讲中，（吉姆）观察我的新产品突破计划。

2. 非营销部门领导对于我的跨部门领导能力给吉姆积极的反馈。

3. 始终如一地展现出我"能做到"的积极态度。

埃里克的个人品牌定位报表
赫德森国际银行的分行副经理

想要的个人品牌定位报表

我想要的原因（为什么我的受众会相信我能给予我想要的独特优势）是：

1. 自愿承担更多个人银行类项目，以出众的客户服务提前交付。

2. 在分行经理培训项目中扮演更为积极的角色，在做培训练习时做团队的领导。

3. 最终，在正常时间之前提升为个人银行业务经理。

你会加上哪些想要的原因来增强你的个人品牌定位报表？你能做哪些更多的工作来展现你能够提供你想要的独特优势？在下面的宣言加入你想要为之努力的新的原因。

你的个人品牌定位报表
想要的个人品牌定位报表

我想要的原因（为什么我的受众会相信我能给予我想要的独特优势）是：

定义它

品牌特性

6 内因

步骤一

8

个人品牌定位6号元素：
品牌特性

态度是能产生重大改变的小事情。

——英国前首相温斯顿·丘吉尔

步骤一中最后一个个人品牌定位元素，也是我们体系中最后一个内部元素——你个人品牌的品牌特性。这可能是你定义中的最后一部分，但是绝不是分量最轻的一部分！你的个人品牌特性的确能将**你**与其他人区分开来。这提供了你和你的比较集特别有意义的区分点。

我们再次用企业品牌作例子来解释这个概念。许多品牌使用品牌特性，将自己与竞争对手区分开来——比如百事可乐与可口可乐。坦白说，这两个产品在根本上有着同样的组成成分：碳酸水、糖和香料。然而，基本上每个人都似乎在两者之间只对其中一个非常认同，不是吗？见鬼，我曾经看到过有人热烈争论哪个可乐是"最好的"。

像这样成分如此相似的产品，这样强烈的品牌忠实度是由品牌营销者打造的品牌特性所驱动的。

百事可乐与可口可乐满足的功能需求是相同的，但是每个品牌特性所带来的情感联系使得各自都获得了巨大的成功。一个品牌的特性比其满足的需求可能更为无形，但是市场营销者更为认真地对待品牌的这个元素。这能造就或者毁掉品牌的成功。

　　还有什么其他品牌是由品牌特性所区分开的？想想香水、酒精饮料、啤酒等等。注意一下这些品类的广告宣传。比如，杰克丹尼威士忌相比于百加得的广告是什么样的？杰克丹尼的特性是传统的、"美国南部白人气质的"。而百加得都是关于开派对，让你头脑中想到热带的形象。花些时间评估一下市场营销人员把这些品牌构想的和将其呈现的特性是什么样的。你会看到品牌特性是将一个品牌与其他品牌区分开的重要元素。

　　那么，这如何适用于个人品牌呢？你的个人品牌特性是6个定义的元素之一，与你是谁、你做什么紧密相关。你可以把你的个人品牌特性看作是你品牌的"个性"，这与你和你的受众的关系紧密相连。你的独特优势是你能给予你受众的东西，你的个人品牌特性更多的是你提供这些优势的方法——你的态度和你主要的性格。

　　你如何描述你的个人品牌特性？通常描述的方法是与描述人用相同的形容词。与此相反，独特优势是一个名词——你能提供什么。比如，一个电池品牌的独特优势可能是"更耐用"，但是电池品牌的特性会是"持久稳固的"或者"永不放弃的"。

你现有的个人品牌

你是一个有特性的人吗？

　　我们要解决的第一个任务就是确定你现有的个人品牌特性。换句话说，在工作中你已经展现给他人的品牌特性是什么？以下的一些练习帮助你发现你现有的个人品牌特性。再次强调，确定你的特性的最好方法就是询问职场中的他人：你和你的品牌特性是什么样的。

练习：

建立你的特性

　　这里有一些你可以向同事提的问题，让你更好地了解个人品牌特性。再次强调，要确保你问的人是你信任的人。这些可能是非常微妙的问题！

　　1. 你想到我的时候，最先意识到的几个描述性词语是什么？

　　2. 你认为我个性中最积极的几个方面是什么？

　　3. 你认为我个性中不那么积极的几个方面是什么？

　　4. 如果你试图把我的特性卖给其他人，你会说什么？

　　5. 如果你要写我的讣告的话，你会如何描述我？

练习：

描述你的特性

　　一、现在，列举描述你个人品牌特性的形容词。包括你问别人问题时得到的答案，以及你相信所能描述你的品牌特性的形容词。首先，想一下你的整体个性，而不是只在工作中表现出来的那些品质。关键是在选择每个形容词的时候尽可能确切，试着想出与其他人不同的品质。如果你需要得到帮助，想出更多的形容词，可以到字典或者词典里去查。这是一些例子。

大不敬	淘气的	街头习气	真实的
不循规蹈矩的	职业的	专心的	和蔼的
无私心的	公平的	有趣的	有吸引力的
给人以灵感的	动人的	有影响力的	安详的
诚挚的	才华横溢的	高尚的	雄辩的
说话温和的	合群的	扎实的	勤勉的
勇敢的	平易近人的	异想天开的	直接的
明智的	有说服力的	专注的	性情平和的
果断的	有生气的	慷慨的	时髦的
追求精神的	体贴的	好交际的	有远见的
勇敢的	有道德的	富于同情心的	鼓舞人的
热情的			

二、加上一些你自己想出的、你认为很好地描述了**你**的形容词。

三、现在回顾一下两个列表，在下面写出你觉得对你最重要的词——最真实的你。

1.

2.

3.

4.

5.

6.

7.

8.

9.

10.

四、返回去，回顾两个列表中的所有词语。在那些你觉得最能够描述你现在在工作中展现出的个人品牌特性的词语上画圈。现在在你的事业中，你公开地、不刻意地展示出多少个特性特点？

另外一个选择：简短叙述

另外一个描述你现有的个人品牌特性的方法是写一份简短的叙述。在建立品牌特性的练习中，你问你的朋友问题时，他们是怎样描述你的？比如，汰渍洗衣粉的品牌特性可能是："这个完美主义者在工作完成前不会停下来的。"**你**可能是："这个无价之宝，有求必应的人，你总是可以依靠他完成要满足的需求。"对于**你**的简短的描述是什么样的？

你现有的个人品牌定位报表

凯瑟琳和埃里克已经完成了他们个人品牌定位报表中的现有个人品牌特性部分——看看吧。你可能会像凯瑟琳那样选择用描述的方法，或者你可能像埃里克那样简单地列出描述性的词语。用以下的例子作为一般使用说明，来确定你想要如何陈述你的个人品牌特性。

凯瑟琳的个人品牌定位报表
康索利德饮料的市场营销经理
现有的个人品牌定位报表

我现有的个人品牌特性（我的个人品牌特性现在是如何被感知的，包括我最重要的态度、气质和个性）是：

招人喜欢的、快速行动的思考者和好的市场营销领导。

埃里克的个人品牌定位报表
赫德森国际银行的分行副经理
现有的个人品牌定位报表

我现有的个人品牌特性（我的个人品牌特性现在是如何被感知的，包括我最重要的态度、气质和个性）是：
- 诚恳的
- 点风度翩翩
- 目标制定者
- 感染性地热情

现在，回顾一下105—106页上描述你的特性的练习中的列表，选择你现在在工作中最好地表现出的5个品质。将这些品质列举在以下你的个人品牌特性报表中，或许你想用一个简短的描述。

你的个人品牌定位报表

现有的个人品牌定位报表

我现有的个人品牌特性（我的个人品牌特性现在是如何被感知的，包括我最重要的态度、气质和个性）是：

品牌特性

你想要的个人品牌

我们来发挥创造力

你个性中最强的一些特点可能在你的工作中隐藏起来了。如果你将它们当作你的个人品牌的一部分进行传播，它们有可能会推动你前进。沿着这条线路思考下去，我们更深入地挖掘，来发现你的特性中对你可能有利的、好的特点。

当然，特性中的特点也可以进行开发，但是不同于独特优势，那些品质通常是你本身固有的部分。比如，萨沙是一个大的律师事务所的办公室经理。她知道她的受众非常重视毫无保留地表达意见的勇气。但是，萨沙受到的教育告诉她要保留自己的意见，所以这对她来讲并不容易。她暗自羡慕那些有足够的勇气说出自己的想法、插话表达自己观点的人，即使有人不同意这些观点。

因此，萨沙在内心中决定，在这方面的品质上进行努力。她采取一个个小的步骤来表达自己的观点。比如，她先是建议行政助理准备一个交错午餐时间表，这能够减少大家的抱怨，人们抱怨必须每天在同样的时间吃午餐。在这个建议以后，她又向老板提议制定标准的电话礼仪。大概花了一年的时间，给出意见才成为她的第二天性，到现在为止，她获得了越来越多的自信，在她生活的方方面面，她也不用翻来覆去地想，然后再给出意见了。"一个大有帮助的意见提供者"就成了她特质的一部分。

练习：

创造性的比较

有的时候，回想他人的品质能够让你知道你想要在自身强调的或发展的品质是什么。这里有三个方法打开你的想象力，让你知道能运用到你个人品牌特性的描述性词语是什么。

1. 把你自己和一个名人相比较。比如：

麦当娜是……**勇敢的、有创意的**……我也是。

泰格·伍兹是……**集中注意力的、全心全意的**……我也是。

奥普拉·温弗瑞是……**宽厚的、有影响力的**……我也是。

现在你来自己填写：

_____是_____我也是。

_____是_____我也是。

_____是_____我也是。

_____是_____我也是。

2. **将你自己与一个企业品牌相比较。**比如：

我最喜欢的服装品牌是盖普，因为……**我时髦、面向未来思考。**

我最喜欢的汽车品牌是兰博基尼，因为……**我前沿、尖端。**

我最喜欢的书籍销售商的品牌是亚马逊，因为……**我节奏快、一切尽在指尖。**

现在你来自己填写：

我最喜欢的_____的品牌是

_____因为我_____.

我最喜欢的_____的品牌是

_____因为我_____.

我最喜欢的_____的品牌是

_____因为我_____.

3. **将你自己与一个行为榜样相比较。**想想你在当地社区中所崇敬的一个人。比如你小时候的童子军领袖、最喜欢的老师、大学辅导员或者你所在城市的市长。

我对这个人的描述是：（一个领导？尊贵的人？）

_____.

我和此人相同的特点是：_____
_____.

我想要在自身中发展的此人的特点是：_____
_____.

在你的社区中，有没有你所崇敬的另外一个模范？如果有，填写以下信息：

我对这个人的描述是：_____.

我和此人相同的特点是：_____
_____.

我想要在自身中发展的此人的特点是：_____
_____.

缩小范围

在你正在决定你想要的个人品牌特性时，返回去回顾一下你的个人品牌定位报表中你所定义的受众。你现有的个人品牌看起来是否真正满足你受众的需求和态度？这能与他们产生联系吗？如果不能，你可以在工作中强调你的哪个特点以便对你的受众更有吸引力？

注意我用的词是"吸引"。记住，个人品牌特性是你的特性传递给他人的个性、态度和主要的气质。你的受众被你的个人品牌特性所吸引吗？

企业品牌/个人品牌——建立联系

你的个人品牌与你的公司品牌相联系吗？我曾经为一个跨国航空公司的公司管理人员做辅导。她在这个公司中工作了15年了，也一直非常开心。她也有很棒的经历，在全世界不同地方旅行和居住。然后，2001年9月11日的袭击发生了，在接下来的几年里，她慢慢地发现，自己在公司中和在工作中越来越不舒服了。她曾经一直很努力地想要保持在工作中曾经体验过的兴奋和满足的水平。

我们开始定义她的个人品牌，然后，我们决定也比较一下她公司的现有定位元素。我们发现，她的个人品牌特性多年来从未改变过，但是因为9月11日的袭击，她所工作的航空公司的企业品牌特性有了很大的改变。那已经不再是"911"前她所热爱的那个友善的、令人愉快的地方了。她开始意识到她的个人品牌特性与航空公司的企业品牌特性不同步了。她不得不问自己她感觉她是否能改变自己的个人品牌特性去满足公司的要求。对于她来说，答案是"不"。尽管她非常想要呆在这个公司中，但是这样对于她来说不是健康和真实的，因为她的个人品牌特性和公司的新的品牌特性从根本上联系不起来。

在这个案例中，这个管理人员决定她不要在这个航空公司工作了。这看起来非常有戏剧性，她对比了自己的个人品牌定位报表和公司的品牌定位报表之后，看得非常清楚，这使得她接受了一个非常有必要的改变。结果，她决定追随一个长久以来的梦想，为一个非营利组织工作，她觉得在这份工作中她能更忠实于自己真实的特性。

现状核实

在研究你想要的个人品牌特性时，你发现你的个人品牌特性和你所工作的地方的特性是否有联系不了的情况，就像上面所说的那位航空公司的管理人员那样？如果是这样，你需要坐下来好好想一下，你是否与你的受众真正能够建立起联系。比如说，如果你想要把自己的根本的个人品牌特性描述为"外向活泼、有企业家精神的、创新的、有活力的"，而你的受众想要的品质是"稳定的、坚持现状的、遵循固有的程序的"，你要做什么能与受众产生情感上的联系呢？你是否想在个人品牌特性中作出改变以建立这种联系，还是像航空公司的管理人员那样走开呢？如果你发现在你的情况中是这样的，你需要做一些深刻的自我反思，想想你的情况，这与你的身份如何配合。

还记得那个叫作加文的南非职业演讲者吗？他发现自己的独特优势和特性并不是总符合特定的受众的要求。他的个人品牌特性就是不能对有些人产生吸引力，所以他决定专注于他想要吸引的受众——这个决定为他节省了时间、金钱，也免去了许多可能的挫折。

加文同样非常仔细地选择一个独特的个人品牌特性，这的确发挥了他的创造力。他因为能够给人以震动而闻名，他所说的东西一开始可能会让人惊得站不稳。但是最终的结果是他是一个让人兴奋的演讲者，通过他所称之为"大不敬和淘气的"个人品牌特性，帮助人们跳出条条框框去思考。

从加文这里学一课吧——你的品牌特性是否绝非平凡？

你想要的个人品牌定位报表

在你准备要完成你的个人品牌定位报表中想要的个人品牌特性这部分时，我们的同事——凯瑟琳和埃里克——也已经完成了他们的表格填写。阅读以下他们填好的个人品牌特性。然后选择上面你发现能够描述**你**的五六个最重要的品质（态度、个性的描述），把它们加到你的定位报表中去。这些是你认为你所拥有的最好的品质，同样对你的受众有很大吸引力。

若你现有的品牌特性已对你的受众有吸引力，那你的状态很好。否则，你要确保你更多的个性特点在工作中被人知道。这些都是能最好地吸引你受众的特点，而你现在可能正在压抑它们。将这些特性带到工作中，你会更忠实于真实的自己。

凯瑟琳的个人品牌定位报表
康索利德饮料的市场营销经理

想要的个人品牌定位报表

我想要的个人品牌特性（我想要我的个人品牌特性如何被感知，包括我最重要的态度、气质和个性）是：

一个被信任的、不循规蹈矩的、有创造力的团队领导，永远不会放松，永远不会让团队仅仅满足于"好"，鞭策整个组织达到更高的目标："冠军中的冠军"。

埃里克的个人品牌定位报表
赫德森国际银行的分行副经理

想要的个人品牌定位报表

我想要的个人品牌特性（我想要我的个人品牌特性如何被感知，包括我最重要的态度、气质和个性）是：

"黄金标准"的设定者和达到者，完全值得信赖，致力于服务中的卓越。

你想要给予你的个人品牌什么样的特性？填好下表，完成你的个人品牌定位报表中的最后一个元素。

你的个人品牌定位报表

想要的个人品牌定位报表

我想要的个人品牌特性（我想要我的个人品牌特性如何被感知，包括我最重要的态度、气质和个性）是：

　　干得好！你已经完成了步骤一，你已经完全定义了你个人品牌中的全部6个元素。现在我们继续，把你个人品牌定位报表中的元素结合起来，形成你现有的和想要的个人品牌的模型。

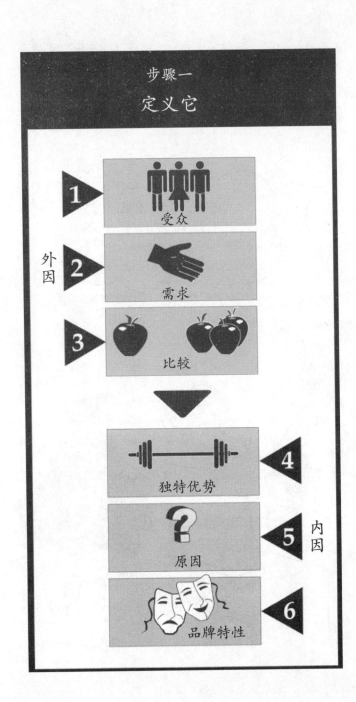

9

所有都放到一起：
你完整的个人品牌定位报表

细节构成大局。

——银行家、金融家和慈善家桑福德·韦尔

祝贺你！你现在已经定义了你现有的和想要的个人品牌中全部的6个元素，也填写了你的个人品牌定位报表中所有的空白。现在，是该把这些全部放到一起形成一个整体的、清晰的画面了。

在我们做这件事之前，我们先看一看我们的两位同事完成好的个人品牌定位报表，这次阅读一下，找一下他们每个人现有的和想要的个人品牌的整体感觉。

> ## 凯瑟琳的个人品牌定位报表
> ## 康索利德饮料的市场营销经理
> ### 我的受众包括
>
> **人群特征**：吉姆·多伊尔，49岁，新雇用的首席营销官，总裁的高级职员。吉姆有着丰富的饮料市场营销经验，在行业内有着良好的声誉，能够打造建立新业务的产品。事实上，他

在康索利德饮料的任务是加速新产品开发的过程。他平均每天工作12小时。

心理特征： 吉姆对市场营销很有热情，特别在创新概念、产品、推广等方面。他一定能够达到雇用他为了达到的结果，但是他也一定要能够玩好董事会议室中的政治。换句话说，他需要与其他部门的领导保持良好的关系，同时推动他们更快地做新的事情。吉姆有信心能开发出高潜力的想法，同时激励他的团队达到高目标。他将自己看作"选手——教练——赢家"。

主要行为： 吉姆不是非常喜欢开会。事实上，他认为多数会议占用了宝贵的创新时间，因此他更喜欢保持办公室的门敞开、巡视大厅的政策。他通常会顺道拜访来听取他的团队的直接报告（有时，甚至是团队的下属的直接报告），来看看他们冒出了什么新点子，以及行动计划实施地怎么样了。作为新到公司的人，吉姆需要依赖一个高级营销人员作为公司中的变革促进者。有了强有力的"中尉营销者"作为冲锋者，吉姆可以通过在董事会议室中积极支持中尉的建议而更快、更巧妙地达到他的目标。

我受众的需求是：

功能需求： 非常有创意和魄力的高级营销者，能够担任新产品开发变革促进者的角色，这样吉姆和他的创新团队能够为康索利德饮料交付新的点子……

情感需求： ……吉姆能够信任的人，能够承担这项任务带来的打击——也不会气馁。

现有的个人品牌定位报表	想要的个人品牌定位报表
现有的比较 **我现在的品牌是：** 新产品市场营销总监	**想要的比较** **我想要成为这样的品牌：** 新点子战士，在组织中支持其他人的点子，同时开发新的、制胜的产品点子。

与之相比较的是：	与其相比较：
● 肖恩·唐纳森 （市场营销总监，地位牢固的品牌） ● 埃伦·蒂尔南 （营销服务总监） ● 比尔·兰利 （总监，渠道营销）	其他现有的市场总监加上： ● 知名的外部"点子顾问"。 ● 不同机构的高级创意人员。 ● 关于其成功经验发表过文章或者出版过书的新产品"发布者"。
我现有的独特优势是： 1. 快速、分析性思考 2. 创意 3. 市场营销部门的个人领导力	**我想要的独特优势是：** 1. 坚定的跨部门领导，能够推动团队进行贯彻…… 2. ……不拘一格的创造性，为产品带来新点子和突破。 3. 更聪明地预测到跨部门的路障并为其找到解决方案。
我现有的原因是： 1. 在市场中已经有几个产品线扩展的成功案例。 2. 在康索利德饮料公司，4年中提升3次。 3. 开发出了2—3个新产品的促销推广。	**我想要的原因是：** 1. 在战略计划演讲中，（吉姆）观察我的新产品突破计划。 2. 非营销部门领导对于我的跨部门领导能力给吉姆积极的反馈。 3. 始终如一地展现出我"能做到"的积极态度。

三步打造你的个人品牌
基础卷

我现有的个人品牌特性是：	我想要的个人品牌特性是：
招人喜欢的、快速行动的思考者和好的市场营销领导。	一个被信任的、不循规蹈矩的、有创造力的团队领导，永远不会放松，永远不会让团队仅仅满足于"好"，鞭策整个组织达到更高的目标："冠军中的冠军"。

"如果你90%的受众都不知道他们有多么需要你，那就是该进行品牌打造的时候了。"

120

埃里克的个人品牌定位报表
赫德森国际银行的分行副经理

我的受众包括

人群特征：艾丽丝·陈，40岁，已婚无子，金融与营销学士学位证书。她是赫德森业务量最大的郊区银行的分行经理，这个工作她做了快10年了。她从一出大学校门开始进入了一个本地银行，开始了她的事业，一开始只是一个银行柜员，在该岗位上仅过了几年，她去了一家有竞争力的国际银行，加入了他们的分行经理培训项目。赫德森雇用艾丽丝就是为了让她负责他们的1号郊区分行。从此她和她的团队就一直是赫德森的优秀员工。

心理特征：对于艾丽丝有一点是清楚的：她期待优秀——不仅是期望为她工作的人做到，包括她自己。你可以说她是一个"高压的完美主义者"，她觉得工作很好地做好、客户很好地得到了服务是件令人骄傲的事情。但是她也相信团队还能有更高水平的表现。因此，艾丽丝成为激励赫德森经理们的榜样。她笃信"客户就是上帝"，确保每一名客户都会感觉他们不只一个号码而已。艾丽丝每天用自己以身作则指导她的团队对客户有同理心。

主要行为：艾丽丝绝对是一个"目标管理"的那种领导。她和每一名团队成员坐下来，写下项目和个人发展目标。她和她的团队定期回顾这些项目和任务，确保能够达到更高的表现水平。一年之中她也会为团队举行许多培训研讨会。其中有一些是她自己主讲的，另外一些是当地的商业领袖主讲。尽管赫德森的员工严格意义上说每周有固定的工作时数，艾丽丝会"不管工作多少个小时"比计划时间之前把工作做好，满足所有客户的需求。她没有给人以工作狂的印象，但是，的确是真正致力于卓越的人。因为她所信守的工作道德标准，艾丽丝只会提拔那些对卓越工作和服务展现出相似热情和完全可靠的人做个人银行业务经理。当她能够为有这些特点的人升职时，她个人为能够帮助团队成员达到更高的目标感到骄傲。

- - - - - -

我受众的需求是：

功能需求："可信赖先生"，个人银行业务经理，在分行中作为二把手——一个可以信赖的人，"不论花多少小时"都会完成工作，在客户服务方面建立卓越的标准，也可以信赖他激励整个团队。

情感需求：看到年轻的赫德森新人们在他们高于自己预期的层面上有好的表现而感到骄傲。

现有的个人品牌定位报表	想要的个人品牌定位报表
现有的比较 **我现在的品牌是：** 分行副经理 **与之相比较的是：** 4—5个赫德森的分行副经理，工作年限相似。	**想要的比较** **我想要成为这样的品牌：** "黄金标准"服务冠军 **与其相比较：** 与"现在的"相同，加上在顶级财务策划与投资公司的高级客户经理。
我现有的独特优势是： 1. 数字能力，特别是精确性。 2. 随和的个人风格，让客户觉得舒服。 3. 对于银行业务有热情。	**我想要的独特优势是：** 1. 以非常优异的方式、不动摇的可靠性完成工作，而不仅仅是完成工作。 2. 以身作则以便其他人效仿。 3. 有让分行经理感到骄傲的能力。
我现有的原因是： 1. 4年中在银行所有职能部门工作过。 2. 按时提升到银行副经理。 3. 银行客户主动给予的无数赞美（由银行经理收到）。	**我想要的原因** 1. 自愿承担更多个人银行类项目，以出众的客户服务提前交付。 2. 在分行经理培训项目中扮演更为积极的角色，在做培训练习时做团队的领导。 3. 最终，在正常时间之前提升为个人银行业务经理。

······

我现有的个人品牌特性是：	我想要的个人品牌特性是：
● 诚恳的 ● 风度翩翩 ● 目标制定者 ● 感染性地热情	"黄金标准"的设定者和达到者，完全值得信赖，致力于服务中的卓越。

现在，再一次通读你所完成的定位报表。

你的个人品牌定位报表

我的受众包括

人群特征：

心理特征：

主要行为：

功能需求：

情感需求：

我受众的需求是：

现有的个人品牌定位报表	想要的个人品牌定位报表
现有的比较 我现在的品牌是： 与之相比较的是：	**想要的比较** 我想要成为这样的品牌： 与其相比较：
我现有的独特优势是：	**我想要的独特优势是：**
我现有的原因是：	**我想要的原因是：**
我现有的个人品牌特性是：	**我想要的个人品牌特性是：**

在你的报表中现有的这栏里面的答案会给你一张图景，让你知道现在你在工作中是什么样的。在想要的这一栏里的答案是基于你想用个人品牌影响的受众而确定的你想在工作中成为的人。你觉得这两部分报表都准确地描述了你么？你觉得这些是否都切中要害，告诉你了一些事情——关于你的事情？

仔细检查你的定位报表中是否包含了所有必要的信息：

1. 受众

● 你的报表中包括了界定清楚的受众的所有元素吗？

2. 需求

● 列举出的需求是不是真的是受众最关键的需求？

● 你是否同时列举出了你受众的功能需求和情感需求？

3. 比较集

● 检查一下，以确保你同时有标准比较集和扩大的比较集。

● 扩大的比较集是否包括了不仅仅是明显的部分，包括的选择是否不仅仅是其他人？

● 你有没有一个定义清晰的、独特的想要的概念标签？

4. 独特优势

● 你有没有1—3个清楚定义的独特优势是你真正想要——或者能够——拥有的？如果你有不只3个，它们是不是最必要的优势？你能否把它们削减为至多2—3个优势？

● 你的独特优势是否真的能够符合你的受众的功能和情感需求？这是打造个人品牌成功的关键。

5. 原因

● 你的原因是否对于你的受众有说服力？这些是否能够证明你能够提供你所声称的想要的独特优势？

● 你是否需要开发出新的原因来更好地支持你想要的独特优势？

6. 个人品牌特性

● 你的个人品牌特性是否与你的受众的心理特点、态度和信念合拍？

● 根据你对受众的了解，你所陈述的品牌特性对你的受众有没有吸引力？

"好的，现在是给出反馈的时间……"

获得反馈

1. 给你信任的人看你想要的个人品牌定位报表，让他们给出评论。就他们对你的了解来看，他们是不是觉得这对于你来说是一个可行的个人品牌？当你达到了想要的个人品牌时，他们认为你对这个品牌的愿景是否足够强，能够帮助你获得你在工作中想要追求的东西，包括升职、更高的薪水、或者你想要获得的认可？

2. 如果你觉得这样做有帮助的话，把你想要的个人品牌定位报表给你的受众看。他们的反应是什么样的？当然，只有在你认为这样做不会损害你与受众的关系的情况下再这么做。记住：你从来没有看过星巴克的定位报表，对吗？

3. 访问www.HowYOUAreLikeShampoo.com网站，付一定费用以后，你可以下载一个管用的"电子审计"表格，随着你完成和回顾你的个人品牌定位报表，这个表格会手把手问你额外的一些问题。我们也提供通过电话的一对一的辅导课来讨论你的个人品牌定位报表。想要获得更多的信息，请访问www.HowYOUAreLikeShampoo.com网站。

感觉你的定位报表很实实在在了吗？好的——你应该有这种感觉！现在要看一看你需要做什么从你现有的个人品牌变成你想要的个人品牌。

"给！给我反馈！"

10

缩小差距

你的问题是要缩小你现有的和你想要达到目标之间的差距。

——励志作家厄尔·奈廷格尔

可能的情况是，你会发现现有的和想要的个人品牌有差距——你现有的个人品牌与你未来想要的样子。可能你发现你需要开发更多或者不同的独特优势以真正满足你受众的需求。或者可能你需要参加一个课程，以便有更强的原因来证明你能够提供一个或者多个独特优势。你可能发现你现在展现出的个人品牌特性只是你的受众觉得你最吸引人的特质的一部分。

练习：

别在差距中落空！

我们来回顾一下你的个人品牌定位报表。如果你想要的个人品牌是在1到10的量表上的10，你现在和你想要的比较、想要的独特优势、原因和品牌特性有多接近？你现在的品牌特性是6，正在向你想要的品牌特性10进发？你的差距有多大？在下一页上给你自己打分。

个人品牌定位元素	你从1到10的打分（现有的到想要的）
现有的标准工作标签到想要的概念标签	
现有的独特优势到想要的独特优势	
现有的原因到想要的原因	
现有的个人品牌特性到想要的个人品牌特性	

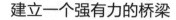

建立一个强有力的桥梁

现在，你可能会对自己说："但是我如何做出这些改变呢？我如何从这里到那里，而不在差距中落空呢？"我们个人品牌系统中的步骤二就是关于传播你想要的个人品牌，会让你从A点到达B点。这就是帮助你弥补差距的。你会开发一个个人品牌营销计划，帮助你准确地完成过程中每一步,有利地、有效地将你新定义的、想要的个人品牌传播给你的受众。

但是，如果你发现有很多差距怎么办？放松点儿！试着一次只改变一个方面。正如老子所说："千里之行,始于足下。"先适应了一个改变，然后等你准备好了再进行下一个改变。选择能在你个人品牌中产生最大影响的方面，从那里开始。你会发现如果你采用这种方法，其他的元素也会逐步就位。

改变需要时间，但是如果始终如一地接受改变，你将会——逐步地、一天天地——看到受众对于你的感知、看法和感受的方法开始改变。这就是你如何从你现有的个人品牌转换到你想要的个人品牌。这就是你如何变成**你**。

你准备好了吗？这才是真正令人兴奋的时刻！

步骤二

传播它

个人品牌营销计划

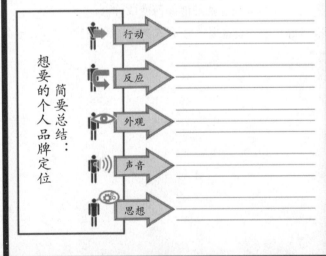

11

发布你的个人品牌

> 所有的路径都通向同样的目标：将我们是谁传达给别人。
>
> ——智利诗人巴勃罗·聂鲁达

上面所引用的巴勃罗·聂鲁达的话的确是真的，特别是个人品牌更是如此。当然，在我们的这种情况下——到目前为止在这个过程中——都是关于我们想成为什么样的人。但是不管你所定义的个人品牌有多么好，除非你把它传播给其他人，否则就是没用的。你必须始终如一地传播这个个人品牌。只有那时**你**才能实现这个跨越，将你头脑中的概念变成你想要你受众头脑中形成的感知。然后，你和**你**在工作中是可通用的了。这能够帮助你掌控你的事业，达到更高的职位，获得你想要的和应得的认可，在经济上更好。

我们再次看看成功的企业品牌如何将其在目标市场上传播。坐下放松一会儿，想想某一个你有强烈感觉的品牌——你经常使用的一个品牌，并且和你有密切关系的品牌。这个品牌如何传播它想要表达的信息？它如何传播其品牌定位报表中的各个元素？这个品牌如何从你的必要花费走入你的心坎里的？

可能你对高露洁牙膏很忠诚。可能你喜欢这个口味，并且一直使用，在10年中都没有蛀牙。你的小叔子是否开了沃尔沃，在交通事故中毫发未损？你是否一直光顾麦当劳是因为看上了它的开心乐园餐和为你的孩子提供的游乐场所？

这些例子向你展现的是企业品牌向你传播其品牌定位是通过它所做的，不是它所说的。你对这个品牌的体验是最能传播它的定位报表的。

想一想：你从来没有看到过麦当劳的品牌定位报表，对吗？丰田的品牌经理也不太可能邀请你吃晚餐，向你展示丰田品牌特性的定义。那样就太荒谬了！

因此，一个品牌传播它的信息是通过在市场中实实在在做的事情，这就是我们所了解的它们的品牌定位究竟是什么。任何品牌成功的关键就是，它如何始终如一地传播它所做的事情。为了真正有自己的定位，同样品牌的信息必须在该品牌的传播中保持不变——通过它所做的事情。比如说，沃尔沃不会赞助一场撞车大赛，但是会赞助家庭安全日。耐克不会支持目标是十几岁孩子的网络游戏比赛，但是会支持慈善马拉松赛。沃尔沃会在其呈现给公众的所有的事物上都传播安全的理念，而耐克会一致的向其目标体育受众传播"想做就做"的态度。在市场中，对于一个品牌的定位而言，这样的一致性就是必杀技。

对于个人品牌而言也是一样的。我可以让你看我的个人品牌定位报表，我可以告诉你我代表什么。但是你对于我个人品牌的理解是根据我做的事情，而不是我说的话。

你每天都做的5项活动

好了，现在你知道了你的个人品牌是通过你所做的事情传播的。但是你做的事情这个类别太大了。我看过全世界几百个企业中的人们在工作中建立（或者毁掉）他们的个人品牌，我得出了一个结论，我们每天都从事5项最能够传播我们个人品牌的核心活动。我相信这5项核心活动是你的受众对**你**有何感知、看法和感受的99%的原因。

这里是我们每天都做的5项最能传播你的个人品牌的活动：

你……**行动**

你……**反应**

你……**外观**

你……**声音**

你……**思想**

还记得我们在本书一开始提到的个人品牌营销计划吗？企业品牌有很成熟的营销计划，旨在通过电视和杂志广告、赞助活动、公司网站、包装、公关活动等等，一致地传播他们的信息。与此相同，上述的5项活动也是你的个人品牌营销计划中的一种"媒体"。这些活动是向你受众传播**你**是谁的方法。

如果你对于其他人对你的感知、看法和感受很认真的话，你自己要保证每一天这5项活动都是你脑子里最重要的事情，并确保你始终如一地传播自己想要的个人品牌。

就像我们在上一章所看到的那样，可能你现有的个人品牌和你想要的个人品牌之间有一些差距。正是通过这5项活动，你做出必要的调整来弥补这些差距。换句话说，通过这些活动中的一项或者多项的改变，你会改变受众对于你个人品牌的印象，从现有的品牌转变为想要的品牌。

在这5项活动中的任何一项的改变，在有些领域可能很自然，而在其他领域可能让人不舒服。你需要尽最大的努力，不管是身体上的——你移动、走路或者说话的方式——或者是思想上的——你思考、行动或者反应的方法。

正如我在前一章所讲的，你可能一次只想集中于一个改变。如果你觉得需要调整多于一个活动来传播你想要的个人品牌，从一个对于你整体的个人品牌有最大的影响的那个开始，然后从那里继续。

我们来看一看我们的个人品牌营销计划的格式。在左边，你会简要地总结你想要的个人品牌定位报表。在右边，你会使用我们5个营销计划活动来设计一个营销计划。

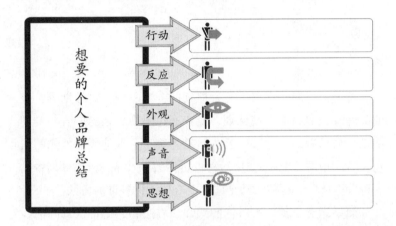

首先，我们来谈谈你想要的个人品牌的总结。你如何做到这点？回顾一下你的个人品牌定位报表中的各个元素，然后总结出你想要传播的个人品牌的"精华"。你的总结可能主要来自你的品牌特性、你的独特优势、你想要的概念标签、你的原因，或者这些元素中一个或者多个的组合。你的总结是概要——是一个简短的陈述，其中包括**你**想要代表的精华部分是什么。

我们来看看我们的两名同事是如何总结他们想要的个人品牌的。这能够帮助你有个概念。

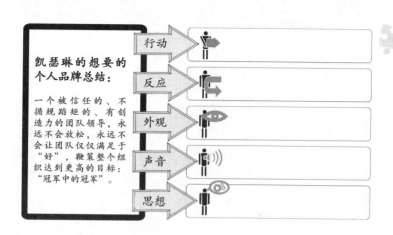

凯瑟琳的想要的个人品牌总结：

一个被信任的、不循规蹈矩的、有创造力的团队领导，永远不会放松，永远不会让团队仅仅满足于"好"，鞭策整个组织达到更高的目标："冠军中的冠军"。

行动

反应

外观

声音

思想

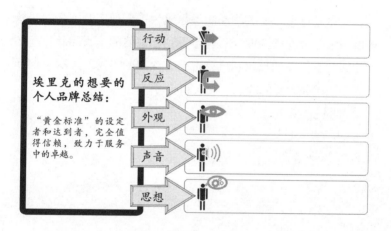

埃里克的想要的个人品牌总结：

"黄金标准"的设定者和达到者，完全值得信赖，致力于服务中的卓越。

行动

反应

外观

声音

思想

现在，将你想要的个人品牌填写在下一页的个人品牌营销计划的左侧。在后面5个章节的末尾，你都会把你的计划加在5个营销计划活动中去。

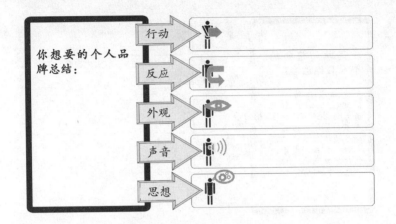

　　在你进行有必要的改动使得你成为一个现实时，你的受众对你的感知也在逐渐改变。你会看到你想要的个人品牌在起作用，你在工作中的形象和成就也会有深刻的不同。再次强调，这能转化成你想要的职位、收入和认可。

"我要去一个工作面试。我需要件保守的衣服，
但又不要太过分。"

传播它

行动

步骤二

12

个人品牌营销计划1号活动：行动

> 即使你在正确的轨道上，如果你仅仅是坐在那儿
> 也会被碾过去的。
>
> ——幽默家和演员威尔·罗杰斯

你的个人品牌营销计划的1号活动是：你的行动。你可能会认为你的个人品牌营销计划的所有5个活动都是"行动"。但是在这里，我所说的行动指的是视觉上可以观察到的、能够影响你的个人品牌传播的方式的行为。这些行为可能是有意识的或者是无意识的，但是它们能很大程度上改变他人对你的感知、看法和感受。这些行动中包含了你在他人周围时为人的方式——可观察到的。

你有没有见过那些不自知的唐突的人，当看到了他们想要谈话的其他的人时，他们就从你这里走开，连句再见也不说？你有没有见过非常聪明、非常有能力的人，但是他们从来不肯看你的眼睛？在世界有些地方，在某些情形下避免对视表示尊重，在西方这样做就是错误的，可能被认为是没有兴趣或者没有自信。

行动在本质上来讲是社会性的，或者这可能和你的工作表现直接相关。不管一个人在工作中表现有多好，如果他们的行动拒人以千里之外，他们的个人品牌就会受到负面影响。

通过他人的眼睛看透你自己

当然了，以其他人的视角看待你自己可能是困难的。你在做出表现的时候是在自己内部的，没有办法知道这些举止在外部如何得以"解读"。那么，你如何确定你的哪些行为可能削弱你的个人品牌？首先，理解你的受众是关键。如果你功课做得很到位，在完成个人品牌定位报表的时候就尽你所能了解你的受众，你就会有很敏锐的感觉，知道你的受众重视什么，期望你有什么样的行动。

练习：

这全都是关于你的受众的

再次强调，这全都是在于你的受众对你有何感知、看法和感受。回顾一下你的个人品牌定位报表中的受众这部分，列举你认为你的行动中，受众最重视的因素的列表，以及你认为你的受众最期望你进行的行动的列表。包括你在工作以及工作相关的活动上所展现的职业和社会行为。

1.
2.
3.
4.
5.
6.
7.
8.
9.
10.

你觉得精确定位你的受众重视和期望的行动困难吗？如果是这样，在你这方面需要做更多的搜索，确保你的行动在非常努力的推广你的个人品牌。这里有一些点子帮助你控制你的行动。

首先，尽可能要意识到你所发出的信号。当然，要记得的是，不同的人对于同样的行动有不同的解读。比如说，艾琳的老板是对在截止日期前完成工作非常固执。这就是她老板的核心需求之一——可靠性——特别是说到截止日期的时候。因此，艾琳决定，在她想要的个人品牌中，她要体现的关键优势之一就是"按期完成的可靠性"。她开始持续不断地用行动向她的老板传播这个优势。但是，仅仅是按期完成可能是，也可能不是传播她的品牌的最好的方式。

比如说，艾琳的老板要求她周三早上8点前交上报告。

● 如果艾琳周二早上8点交上报告——整整提前一天——这比……是一种不同的"可靠的"品牌。

● 如果艾琳周三早上7：59交上报告——只提前了一分钟。她的确是按时提交了，但是这仍然是比……是另一种不同的"可靠的"品牌。

● 如果艾琳周三早上10点钟跑进来——晚了两个小时——她的报告乱乱地拿着，说报告从公文包里掉了出来，在街上被踩了。嗯，这根本不是一个"可靠的"品牌，是吗？

你在评估自己的行动的时候，要设身处地地为受众着想。有人给你一份手写的建议书，还有人清晰的、电脑打印的建议书，有扉页，有图表，清楚地阐明这个观点的好处，你对二者会有什么想法呢？如果有人给你提交了冗长、啰唆的建议书，你会怎么想呢？你觉得你会更可能未来和这些人中的哪个人再次合作？所有这几个人的个人品牌可能都是"找这个人要创新的点子"，但是每个人采取的不同行动会对其想要的个人品牌的传播产生巨大影响。

练习：

评估你的个人行为

这里有几个方法让你发现你的行动可能需要改变。

1. 在可能的时候，把你自己录在录像带上。观察自己可能让你有很大的惊奇。可能不是你所喜欢的，但是几乎可以肯定地向你展示了你需要作出努力才能改进别人对你的感知。

2. 让一个知己观察你的行为，给你反馈和评论。他们应该在你和你受众的成员一起的时候小心地观察你。这样的话，他们不仅能够观察你的行为，并且可以对于你的行为如何被受众感知进行评论。但是，一定要确保你选的是信任的人，他要牢记你的最大利益。

3. 仔细观察你身边的人放出的信号。他们看起来对你是放松的和友善的吗？如果不是，要想想是否是你的行为让别人觉得不舒服。当然，如果只是一个人看起来觉得你不舒服，那么可能根本与你无关。如果你注意到人们普遍在你身边焦虑的话，那就成为一个问题了。

4. 如果你在会上进行讲话，之后让参会的人给你反馈。如果这里面有你信任的人，你可能甚至会跟此人公开你想要的个人品牌，问他你的行为是否是支持或者可能伤及你的个人品牌。你可能还会问他们什么行动可能帮助你更有效地传播你的个人品牌。

5. 你有没有听到敲击声？你可能是你的脚在敲地，或者笔敲桌子！如果你没有意识地展现出一些紧张的行为的话，你需要注意到它们，并且控制你的焦虑或兴奋。找到其他方法来释放过剩的精力，否则它们会在你的行动中展现出来，对你的品牌有负面的影响。

身体语言

就像腿不受控制的上下弹起，或者在桌子上敲笔，多数人完全不知道他们的动作无意中向别人发出了怎样的信号。你的身体语言可能说明你缺少自信，或者你养成了与想要传播的个人品牌相反的习惯。了解肢体语言极大有助于让你了解别人的感受和意图，确保你能用最好的方式传播你的个人品牌。

身体语言的专家说"开放的"身体语言总是最好的。这就意味着好的个人品牌建设者不要手臂交叉在胸前，手不要放在口袋里。男士夹克不系扣子会给人以开放的感觉，向前倾身让别人知道你对他们所说的话感兴趣。如果你想要在阐明观点时表现出一种真诚，在说话的时候把手掌放在胸口。

你在坐着的时候，专家说把腿交叉着是可以的，把胳膊肘支在桌子上，双手指尖相对，表现出自信。但是，不要向后靠在椅子上，或者在脑后紧握双手。这会传递出一种太过随便的态度，甚至是过于自信——可能这与你想要传达的品牌不一致！

不管你做什么，都要避免坐立不安。尽可能地平静但是不要僵硬，否则就会有看起来不耐烦或者紧张的风险。根据研究过身体语言的心理学家所说，有信心的人感觉不需要用太多的手势来证明他们的观点。

当然，咬指甲、轻跺你的脚、敲手指、腿来回晃、抓椅子、或者快速眨眼通常都被认为是焦虑的表现。如果你住在西方，要和别人进行眼神交流，别人说话的时候眼睛别到处游离。如果你的眼睛确实游离了，和你谈话的人可能会觉得你对他说的不感兴趣，可能感到受到了冒犯。

你的个人品牌营销计划

我们的同事，凯瑟琳和埃里克，正在填写他们的个人品牌营销计划。他们已经在左边填好了想要的个人品牌报表的总结，在右边写上了营销计划中的行动部分。查看一下他们的营销计划，然后填写你自己的行动部分。**你将如何做来通过行动传播你的个人品牌？**

凯瑟琳的想要的个人品牌总结：

一个被信任的、不循规蹈矩的、有创造力的团队领导，永远不会放松，永远不会让团队仅仅满足于"好"，鞭策整个组织达到更高的目标："冠军中的冠军"。

行动

激励团队更多创新和更富有成效，组织头脑风暴、研究趣味练习来帮助每个人在条条框框以外思考。经常和团队讨论他们的点子，在与管理团队讨论新点子的时候更为肯定。

埃里克的想要的个人品牌总结：

"黄金标准"的设定者和达到者，完全值得信赖，致力于服务中的卓越。

行动

主动承担个人银行的任务，比如研究关键客户的账户，决定有什么其他的产品和服务可能对他们有帮助。在分行经理培训项目中担任领导角色，根据自己与客户的经验为培训生创立课程计划和练习。

现在你已经看到了凯瑟琳和埃里克用他们的行动来营销他们的个人品牌，你应该知道你应该采取什么样的行动来营销你。你需要做什么才能把你想要的个人品牌变成你受众头脑中的现实？

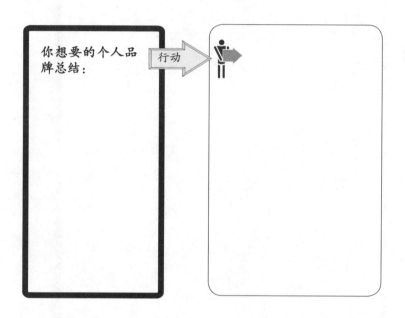

你想要的个人品牌总结：

行动

我们列表上的下一个活动是你的"反应"。是你如何对其他人的行动的回应。

反应

13

个人品牌营销计划2号活动：反应

> 两个人的见面就像两种化学物质相接触；如果发生了反应，两者都被改变。
>
> ——知名瑞士心理学家卡尔·荣格

还记得汤姆·克鲁斯把奥普拉的沙发跳得沙沙响吗？在这个事情之前，他有着很受欢迎的、"结实的"个人品牌。你不同意吗？人们认为他是一个长相俊朗的、有才华的演员，也是一个可靠的丈夫和父亲。他开始在奥普拉的沙发上跳上跳下，以回应奥普拉问关于汤姆当时的女朋友凯蒂·霍姆斯的问题时，他的个人品牌开始转变了……有些人对他的看法开始，嗯……有点儿"不同"了。有些人甚至认为他这样过分的反应使得他丢掉了和先前电影制片厂的合约。

汤姆在对于自己新欢的问题无法控制地反应的时候，他的个人品牌不知不觉地改变了。但是我们多数人在危机中面临着个人品牌在反应上的最大挑战。如果你想看一个人真正的个人品牌是什么样的，看他们是如何应对不利事件的。这个时候，自我控制通常已不在，这时人们努力传播的想要的个人品牌可能刹那间毁于一旦。

我们面对现实吧，一切都很顺利的时候，很容易始终如一地坚持你想要的个人品牌，对吗？是在事情不顺利的时候，你会发现很难保持你一直为之努力的个人品牌。确实，你在工作中如何对事件和情形进行反应能够树立或者毁掉你的个人品牌。如果你有下意识的负面反应，你可能会严重削弱你的品牌，这可能至少会限制你无法达到你的最大潜力。

我在这里所说的反应指的是你为了回应某一事件或者其他人的行动进行的可见的反应。（你的反应同样包括你的想法，但是这不是本章的主要内容。）在这里，我讲的是别人能看到的反应。这些反应能够影响他人对你的感知、看法和感受。

结果是：你的反应是坚持和传播你的个人品牌的"稳定性测试"。

这些到底是谁的情绪呢？

你有没有听过这样的说法："你无法总是控制在你身上发生的事情，但是你能控制的是如何对它进行反应。"我不知道最初是谁创造了这个说法，但是我非常认同这个说法。我们经常说："他让我对自己的报告感觉糟糕。"或者"她让我太生气了！"事实是，其他人可能是你情绪的催化剂，但是你要对你如何反应完全负责。这就意味着你实际上可以学会将自己的反应转换成其他东西。这就是掌握自我控制的能力。

想一想你对不愉快或者意外事件的典型反应是什么样的。可能是在你还有2分钟就要离开办公室，却收到了未预料到的紧急工作要求，或者你的老板给你发了封邮件，因为你没有做的事情训斥你。如果你像大多数人一样，你的反应可能是本能的，也就是说没有经过有意识的思考，它自动从你的"肠子"里出来了。

这里你的历史该登场起作用了，因为我们的反应通常基于我们的心理。别人对你的评论可能很快地引起你过去的伤痛，使得你在情绪上失控了。或者你可能把自己训练得以一种特定的方式反应，因为你观察到你的父母就是那样反应的。可能你有这样一个与其共事很久的老板，如果你不迅速地对一个问题或者事件回应的话，他就会进行长篇大论。

在这样的情况下，控制你的情绪可能是困难的。但是，事实是，下意识的反应通常会导致更多的冲突。换句话说，这样的反应在长期看来可能会把事情弄得更糟。

这里有一个例子：康尼正在努力把公司正在进行的推广活动的多个元素（宣传册、店内广告材料等等）敲定下来。这个项目的内容交给印刷厂的时间已经迟了两天。康尼雇用来做这件事的当地小设计团队没有问题——是康尼犯了错误——她确实感到了压力。幸运的是，这个设计团队过去一直为她工作，所以她毫不怀疑他们这次也会用尽一切努力来帮助她。康尼上次跟他们谈过以后，设计师保证材料会在转天中午前发给她。但是，转天早上，康尼注意到她忽视一个小错误，很恐慌地给印刷厂打电话告诉他们这个情况。没有回答！事实上，电话答录机说，整个设计公司那天歇业！嗯，当然，康尼狂怒了。她留下了尖刻的信息斥责那个设计师，并宣称这将是她最后一次与他们合作。十五分钟之后，电话响了，是设计公司的老板，他说他们那天早上关闭办公室是为了"紧急集合所有人手"，在中午的截止期限前完成康尼所需要的设计工作。从他的语气里，康尼知道了他已经听到了她在电话答录机上尖刻的留言。她觉得很窘迫，不停地道歉，但是从此以后，他们的关系不再像从前那样了。结果是康尼毁掉了原本很棒的工作关系。事实是：下意识的反应很少与想要的个人品牌形象一致。

毫无疑问，你会发现，当你保持职业性、并且符合你想要的个人品牌的时候，你会更快地、并且以更少冲突地解决冲突。

"如果他从来不买任何东西，他怎么能够
获得作为买家的工作满意感呢？"

让你自己平静下来的艺术

这里有几个快而简单的技巧能帮助你释放负面情绪，在内心恢复平衡。对于这些你实践得越多，他们就能越快地帮助你控制自己的反应，保护你想要的个人品牌。

深呼吸。当你对一个事件有负面的反应时，你身体上的反应是心跳加快、呼吸变浅。这是自然的遭遇危险时战斗或逃跑的本能反应，但是进行深呼吸能够抵消这种反应。练习从你的横膈膜呼吸，并且慢慢地吐气。

积极的自我对话。当你感觉生气或沮丧时，心理学家说让你变到较好的情绪状态的最好方法之一就是劝服自己。你可能无法立刻解除负面情绪，但是你可以减弱这种情绪，让你的反应受到控制。

比如，一个共同工作的人告诉你，有一个同事在老板那里说你坏话，你不知道这个事情。你的反应可能是冲同事大喊大叫，或者横冲直撞地闯入你老板的办公室里。但是，如果你进行自我对话的话，你可以回到事实上来。

提醒自己你真正知道的是什么。你现在可能还不知道这件事情是不是真的发生了，你也不知道说得究竟是什么，这些话是否对你给你的老板的印象产生影响。你可以提醒自己，你和老板的关系挺好的，而且一个人的观点不太可能改变你在公司中的形象。你可以告诉自己，即使是最坏的情况发生了，你会展现出自己的职业性和尊严，让你的老板知道你想要帮忙解决问题。如果你真的觉得你需要去找你的老板，问问发生了什么事情，你的自我对话会帮助你平静地、自信地进入他的办公室。

抓住你的个人品牌的窍门

以下有一些概念帮助你以一种方法控制你的本能反应，使你和你想要的个人品牌相匹配。这些是你可能经历的常见的可视反应类型。这些听起来觉得熟悉吗？我知道我在同一时间会经历所有这些反应！

面部。你是否把你心里想的印在袖子上……或者说写在脸上了？如果你是那种坦率的人——所有的感觉和想法都写在脸上，大家都看得到——对着镜子练习"面无表情的扑克脸"。玩得开心！你甚至可以请一些关系好的朋友练习对你说一些意外的、令人沮丧的事情，看看你能够如何保持面部表情的平静，不反应出你内心的感觉。当然，你必须让自己相信他们所说的事情。如果这似乎比较困难，假装是你老板在对你说这些。学做演员，把自己放到想象中的情境中去，以便唤起你在真实的事件可能产生的情绪。通过练习，你自然而然地就会只表现出想让他人看到的部分，也可以将其运用在工作中去。

语言。如果你在面对意想不到的情况时容易生气和有防御性，在可能会引起你下意识的反应的情形中先叫停一下。我见过好的品牌建设者在解决这个问题时使用的最好的工具是，花5到10分钟的时间先冷静下来，整理思绪，再做回应。人们会为此更加尊重你。就说："我需要几分钟整理一下思路，然后我再回答你。"关键是"了解你自己"，做你需要做的事，防止破坏性的反应。

有的时候，说的越少越好。事实上，最好的反应可能是保持沉默。语言回应的缺失有的时候传递的是力量和信念。要学会在合适的时候对沉默感到舒服。这可能实际上是对你有好处的。

身体。有的人在令人不快的情形下会表现出身体的反应，比如手心儿出汗或者脸变红。

有些人会不停地跺脚或者敲笔来缓解压力。如果你容易有这些反应的话，学会用自我对话和深呼吸在内心让自己平静下来。研究表明深呼吸不仅减缓你的心跳，同时会影响你的神经系统，改变你的身体的化学过程。你可能会发现把手掌放在心口上或者下腹部所产生的温暖能够让你在压力中平静下来，成为你身体的"物理重启"。

做好准备！在危机发生之前准备好你的反应。你如何做到这一点？列一个表格，写出有你想要的个人品牌的人在不同情形下会有什么样不同的反应。他们会展现出什么样的面部反应、身体反应、身体姿势，等等？这个人——**你**——如何通过这些反应来传播你的个人品牌？

比如，我们来看看埃里克想要的个人品牌的总结宣言。他是我们赫德森国际银行的分行副经理，他想要的个人品牌是："黄金标准"的设定者和达到者，完全值得信赖，致力于服务中的卓越。如果一个客户来找他，对于一个问题感到困扰，而显然是客户自己的错误造成的，想要的个人品牌是这样的人会如何反应呢？他会直接指出是她自己犯了错误，或者，作为一个致力于服务中的卓越的人，他会做一个深呼吸，老练而礼貌地解决这个问题呢？

根据你想要的个人品牌来探讨各种不同的可能性和反应，这可以给你一个路线图，来处理工作中可能出现的任何情形。你很快就能超越自己的直觉反应，因为你已经学会了在本能地反应时候会带有思考。"在这种情况下，带有我这样的个人品牌的人会关注团队的成就，而不是犯了什么错误。"当有未预料的事情发生时，你会很自信地知道如何反应。

当你觉得你可能消极地反应的时候……

● 立刻诚实地问自己：消极的下意识反应有什么好处？除了立刻表达出情绪的反应给你暂时的满足感以外，还可能带来什么样的结果？提醒自己，你可以私下宣泄情绪，那个下意识的反应只会让你更深地陷入现有的个人品牌形象之中。注意看你想要的个人品牌能带来的好处。改变需要时间和训练。

● 使用自我对话来提醒自己你想要传播的个人品牌是什么样的。一次一次地在头脑中重复那些你想要传递的特质。记住，不管你觉得在生气的时候说的话有多么充分的理由，重要的是你想要传播的个人品牌是什么样的。把你的个人品牌定位报表放在显著的位置上，它会时时提醒你朝着什么方向努力。

● 想想你在未来想如何回忆这个情形。你不想有遗憾，对吗？在你以后记起这个事情时，想要为你的反应而骄傲，你现在该如何做呢？如果你像我一样，你会想到有一些事，你真希望能够再现一次，可以重新以不同的方式反应，而之后不会想起来浑身一颤。为什么要在这些不愉快的回忆的列表上增加项目呢？

● 但是，一定要记住，时间可以疗伤。你能不能想到一件事情，它是数年前发生在你身上的，那时你觉得永远不可能从中走出来？我们都有这样的经历，而且多数时候，反过头来再看这个的时候，它们其实没有想象中那么糟糕。我发现在反应之前花点儿时间问问自己是有帮助的："这真的像我想象得那么糟吗？"在最初的那阵情绪过了，我通常远离了那个情形，能够更清楚地看待它了。

因此，过度反应可能会导致我们想要避免的令人遗憾的记忆，特别是这会严重损害你想要的个人品牌时。

● 提前为自己的成功做好准备。比如，如果你在准备对你的受众进行一场演讲，预计他们的反应会不是特别接受这个演讲的内容，记住，环境与别人如何反应紧密相关。房间是不是太热或者太冷？人们是不是挤在狭小的空间里？是不是换到一个大一点儿的房间里会更好？尽量创造最好的环境让你和大家都保持平静。这会帮助你能够控制自己的反应。

● 记住，你的反应会影响在附近的每一个人，不仅仅是你的特定的受众。我以前有一个叫理查德的客户，他在一个新的公司中得到了一份会计部经理的工作——这是他一直期望的一份工作。他担任这个职位不久，他在自己的办公室中关上门，与公司的银行进行电话讨论。很遗憾，事情不太顺利，理查德非常沮丧，开始跟银行的人大喊大叫。理查德没有意识到这一点，但是他的新老板和整个会计部门的员工都透过关着的门听到他的喊叫。当他走出办公室的门时，他的员工以怀疑的面孔盯着他看。他之后跟我说，事实上，他们的脸上传递出一种疑问："我是下一个吗？"

将你的反应付诸行动

现在，我们来看看凯瑟琳和埃里克，看看他们在各自的个人品牌营销计划中想要如何管理他们的反应。

好的，现在轮到你了。你的反应需要什么样的彻底检查以

凯瑟琳的想要的个人品牌总结：

一个被信任的、不循规蹈矩的、有创造力的团队领导，永远不会放松，永远不会让团队仅仅满足于"好"，鞭策整个组织达到更高的目标："冠军中的冠军"。

反应

准备好上级不能立刻接受这个点子的反应。在布鲁斯对新观点使用他常用的"使人不再作声的反驳"时，准备好保持平静。在合适的时候，不要害怕以沉默应对，而不是投入进去，开始讲话。

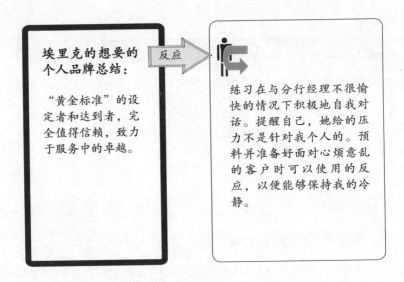

埃里克的想要的个人品牌总结：

"黄金标准"的设定者和达到者，完全值得信赖，致力于服务中的卓越。

反应

练习在与分行经理不很愉快的情况下积极地自我对话。提醒自己，她给的压力不是针对我个人的。预料并准备好面对心烦意乱的客户时可以使用的反应，以便能够保持我的冷静。

便能一致地传播你想要的个人品牌？

现在既然你已经掌握了你的反应是什么，知道了它对于传

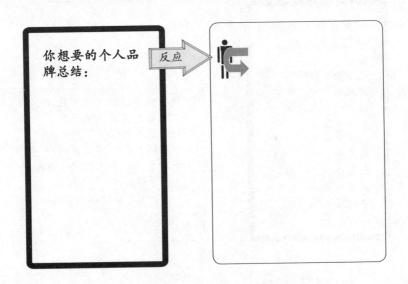

你想要的个人品牌总结：

反应

播和保持你想要的个人品牌的重要性，现在要去进行你第三个
营销计划的活动了：外观。

"哦，如果你认为我问的是一个蠢问题，
还有很多能够引出这个问题的问题。"

外观

14

个人品牌营销计划3号活动：外观

永远不要相信皮包骨的厨子。

——匿名

人们首先根据你从头到脚的样子对你进行判断，这是个冷冰冰的、硬邦邦的事实。我们都这样做。这就是人的本性。研究显示第一印象是见到人的3到7秒钟形成的。这就意味着第一印象几乎——如果还有那么一点儿的话——和我们说的话无关。哎哟！我能听到你在那儿说："但是我对自己长得什么样能怎么办呢？"嘿，我自己也不是选美冠军，我也不期望你是。这不是要看起来楚楚动人的问题；这是为你的个人品牌展现最好的外观。

你有没有听过那句古老的格言"你永远不会再有机会重新给人第一印象"？很遗憾的是，这是事实。这不意味着你可能不再有机会给人第二印象，这可能修正别人对你的第一印象，但是第一印象很难取消再来。需要很多努力才能让人改变他们对你最初的印象，因为第一个品牌形象是很快的、无意识地形成的。因此，为你想要的个人品牌创立最佳的外观能够帮助你即刻将**你**呈现给受众。你在进行"包装"的时候要想一想这一点。就好像装洗发水的瓶子被设计成要为品牌传播一种特定的品牌形象一样，你的外观——你的包装——在很大程度上向其他人传播你的价值观、你的态度、你是谁、你代表什么、你能提供什么。

　　各个企业投入很多时间和金钱开发它们品牌的包装设计，因为它们知道包装是品牌形象很重要的一部分——特别是品牌特性——这与一个品牌卖得如何有很大关系。想想吧。你在购物的时候，包装难道不会影响你对品牌的选择吗？你在从两个都不太了解的品牌中选择时更是这样。其余一切都相同时，如果你和我一样，你可能会选择那个包装更吸引人的品牌。

　　当然，你无法控制你外观的方方面面。我绝不会建议你去找整形外科医生！关键是要对你能控制的外观的方方面面负责，比如你穿什么衣服，你的衣服的质量，你打扮得有多整洁，等等。记住，你是**你**的品牌经理！

小心！

　　你可能有这样的初步印象，那就是你的个人品牌主要就是关于你外观的——你梳理整洁，你穿什么样的衣服，你是否带了"正确的"领带，是否穿了"正确的"长度的裙子，等等。但是我想说得非常清楚——而且这个怎么强调都不过分——真正的个人品牌不仅仅是穿了合适的套装的问题。仅仅通过选择正确的衣服，或者仅仅关注你的外观来传播一个很好的个人品牌，那只是停留在真实的**你**的表面。

　　希望到现在为止，你已经意识到了你的个人品牌除了外貌以外还有许多其他元素组成。但是，你的外观的确是能够帮助传播**你**的一个极其重要的元素。

学会看起来像你

　　记住：你的外观不一定要美丽或者帅气。这是要将你想要的个人品牌在世界上表达。是要体现出**你**想要传播的品牌。在决定你的外观的时候，要时时记住这一点。

　　以下是一个清单，在传播**你**的时候　需要考虑。我们从头一直看到脚——以及更多。

你的头发。除非你的个人品牌是"狂野的摇滚歌星"，否则成功的个人品牌建设者一般要保证他们的头发梳理得很整齐……不管他们的头发有多么多或者多么少！我年轻的时候，很艰难地领会了发型巨大的改变会对我的个人品牌造成严重破坏这个道理。那是我走出大学校园后的第一份工作，有一天早上，我顶着个狂野的卷曲烫发来上班了(想想小孤儿安妮)。我那时22岁，我觉得那很搞笑、很有趣，但是团队的其他人可不这么想。(当然，我现在看看那个发型拍的照片，也吓得一哆嗦……)我那时来这个公司的时间不长，所以突然间，大家看着我，就在想："她接下来要做什么呢?"我当时没有传递出一个稳定的个人品牌，那其实正是我想要建立的个人品牌的核心，与之相反，我不小心传递出无法预测的个人品牌。这可不太得人心，因为那个时候，我的老板/受众是一个40多岁的传统的男士。哎哟。

因此，这个故事的寓意是，很大地改变外观可能不能传递出你想要表达的在工作中坚持到底的愿望。如果你做出了把自己的发型巨大的改变这样让人难以预料的事，你会不会有一天突然间不来工作了呢? 你会不会为了搬到塔斯马尼亚去提前一周提出辞职呢? 好的，我有一点儿夸张，但是你明白了。

在工作中，你的受众——就像我们所有人一样——有很多要担心、要处理的事情，比如机构改变，技术改变，人员变动等等。所有这些改变都可能引起压力。因此，为什么要经常修改或者更新你的外观给环境带来更多的改变和压力呢?

这会让人怕得崩溃! 不管你是否喜欢——如果你想的话可以管这个叫作庸俗——人们喜欢和他们知道其可以依靠的人一起工作。所以，最好避免那种能够给人以不可靠的印象的那种信号。你不想因为发型让人印象深刻，不是吗? 你想要表现出来的是你的价值观、优势和热情。

说到这儿，如果你的个人品牌是"大大咧咧而有创造力"，那么去吧，去换发型！对于我们其他人来说，巨大的改变通常不是一个好主意。

你的皮肤。你可能会想："我的皮肤与我的个人品牌有什么关系？饶了我吧！"嗯，我们来面对它吧——你的皮肤是你外表中最明显的部分，它能够透露出你到底有多关爱自己。我可以听到你说："这不公平！我没有天生得到无瑕的肌肤。"嗯，那么加入这个大俱乐部吧——我们多数人都没有。你不需要有完美的皮肤；你只需要在你现有的皮肤上做到最好。学习一下需要做什么能让你的皮肤尽可能看起来健康……这对男人也适用。

对于男人。随着都市型男受到全球关注，每年有几十种新的男性护肤品进入市场。因此，男人们啊，（皮肤的）标准在提高。走到柜台前，选一两种产品。当然，这包括每天仔细地刮胡子（假如你的个人品牌不是柯林·法雷尔这样的硬汉小伙儿的话）。

对于女人。当男人变老了，他们不知道怎么地会看起来更"富有经验"。但是当女人变老了，她们有时会发现自己被贬谪到了后端办公。那么，那是多么残酷的现实啊？的确是，男人在变老的过程中会在更多的地方侥幸成功。这就是这样的——暂时是。所以，女人们啊，要接受看起来年轻需要做更多工作这个现实。很棒的个人品牌建设者会这样做的！

然而，还有一个不公平的数据是化妆的女人比不化妆的女人多赚20%—30%的钱。我强烈建议所有女人忽略这个建议——除非你想挣更多的钱！

如果你不喜欢化妆，没有关系——化点儿淡妆，简单的就好。太多比太少要糟糕，但是太少也不会对你的个人品牌（或者你的钱包）有任何帮助。

最后，如果你还没有听说过紫外线对你皮肤的伤害的话，你到底是在什么石头下生活的！？把所有开玩笑的话放到一边，这些

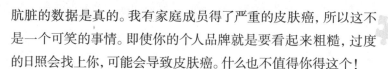

肮脏的数据是真的。我有家庭成员得了严重的皮肤癌，所以这不是一个可笑的事情。即使你的个人品牌就是要看起来粗糙，过度的日照会找上你，可能会导致皮肤癌。什么也不值得你得这个！

你的脸。根据加州大学旧金山分校心理学荣誉教授、传奇人物保罗艾克曼对于面部表情的研究，微笑能在30米开外的地方看到，表明这个微笑的人有着"良好意图"。你想让你的受众温暖你吗？那么，不要害怕在办公室中微笑。自然、受控的微笑表达出信任、自信和友好，这能够绵延几英里（或者至少30米），来帮助你传播你想要的个人品牌。

你的身体。我还能听到我妈妈对我说："注意你的姿势！站直了！"我那时不知道她揭示了一个强大的个人品牌的秘密，但是现在，我知道她是对的。很棒的个人品牌建设者认可专家多年以来所说的："强有力的自信是通过保持肩膀平直而不塌下所传播的。"走路的时候向前平视，而不是向下看，特别是进入别人的办公室的时候，你会传递出这种自信——我们说实话吧——我们都想把它作为你的个人品牌的一部分进行传播。

另外一个可靠的和真实的建议就是进行锻炼。你听说过这个有多少次？但是医学研究证明了这是正确的：锻炼让你看起来更好，因为它会让你更健康。这里是医生告诉你的锻炼还能为你做什么：

- 让你感觉更好。
- 让你的衣服穿起来更合身。
- 加快你的血液循环，能够改善你的肤色。
- 让你睡得更好，减少黑眼圈和眼袋。

很难反驳所有这些，不是吗？那么，出去进行锻炼吧。你的个人品牌不值得你在公园中进行慢跑吗？

你的衣服。过去的十五年里，许多国家中的趋势都是在办公室穿休闲服。然而，我前段时间在《今日美国》中读到一篇文章显示出，在这段时间里，在美国公司中，性骚扰的诉讼数量飞涨。文章问："为什么呢？"一个假设就是，人们在办公室中穿着太休闲了——比如说，和他们在酒吧里穿得一样——以至于人们在办公室中的行为开始模仿酒吧中的行为。因此，我们的穿着给我们自己和我们周围的人发出信号，告诉我们什么是得体的，什么是不得体的行为。不要低估了这个的重要性！

演员会告诉你，如果给他们合适的戏装的话，他们会很快进入角色。因此，我们如何穿着会对别人对我们有何感知产生影响，也同样会影响我们如何感知自己，由此影响我们的行为。我们已经学习过了我们的行为如何影响我们的个人品牌建设。如果你想要"表现"得很职业的话，你必须为你的表演穿上正确的服装。作为个人品牌的建设者，你要确保你所穿的一切衣服都传播了你的个人品牌，说了你想说的话。

考虑到这一点，这里有一些在为你的衣橱挑选衣服时，要注意的关键几点：

● 投资于高质量的衣服。少花些时间关心最新的时尚，那些通常对时尚产业以外都是言过其实的事情。即使你的预算不允许你的整个衣橱都符合你的个人品牌，花些时间和金钱买些有质量的物品。我强烈相信人们更关注质量而非数量。

● 确保你的衣服干净，没有磨损或者开裂。要经常检查一下衣服上有没有裂缝或者掉扣子。一个与此相关的个人故事：我在宝洁管理洗衣品牌时，我所要说的就是我的工作在洗衣粉上，然后每个人都不可避免地立刻去看……你猜到了……我的衣服！还记得本章开始的那个皮包骨的厨子的引语吗？道理是一样的。因为我的工作的原因，人们期待我的衣服是洁净的。多大的压力啊！因此，我突然间发现自己更多的注意我穿的衣服，确保我的衣服能够通过现场检查。这对于个人品牌建设是很好的一课。那个时候，我的衣服和我代表了奇尔和碧浪的品

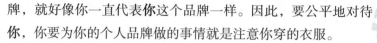

牌，就好像你一直代表**你**这个品牌一样。因此，要公平地对待**你**，你要为你的个人品牌做的事情就是注意你穿的衣服。

● 客观地看待你的衣服——从外人的角度来看——如果可以的话。你现有的衣橱使你投射了什么样的形象？如果你觉得很难做出评估，问下你所信任的知心朋友或者形象顾问来给出你意见。你有没有领口磨损的衬衫？你有没有早就磨得不像样子的裙子？如果是这样的话，你不会觉得扔掉这些东西让你感觉更好些吗？为**你**来做这件事吧！

● 你的办公室有没有周五穿便装的政策？如果有，试着抗拒这个制度，比团队中的其他人穿得稍微好一点。记住，你的个人品牌是通过你每一天的形象传递给受众的——不仅是周一到周四。

你的配饰。说到配饰，我注意到成功的个人品牌建设者遵循的两个重要原则：首先，注重质量而非数量。谨慎地选择你的配饰，不要做得过火。配饰（皮带、领带、袖扣、围巾、珠宝）就是这些——配饰。

这就意味着它们加到你所穿的衣服之中去——不是僭越你的外观。

第二，要确保你的配饰要和**你**所代表的、你的受众所欣赏的品味相一致。如果你的品牌是"可靠、偶尔给人些小意外"，那么，就请这样做吧，时不时地在你的夹克衫上加一个搞笑的胸针，或者戴一条大胆的领带。关键是要确保你传递出你想要的个人品牌。

你的双手。你的双手是经常被人看到的，可能你都没有意识到。一会儿，你用手指指出你在活动挂图上所写的东西。另一会儿，你坐在老板的办公桌对面，用手指指着报告，接下来，你和客户招手叫停计程车。除非你是工厂的工人，如果你的指甲参差不齐，或者脏兮兮的，或者你的手干燥、起鳞，那你可能发出了错误的个人品牌信息。

强有力的个人品牌的建设者不会低估整洁的双手的重要性，这同时适用于男人和女人。在这个都市型男的时代，人们越来越期待男人也有干净的手和修剪整齐的指甲。如果你现在还没有这么做，为什么不把定期剪指甲作为良好保养的一部分，并且成为个人品牌的一部分呢？

你的鞋。我听过这样一种说法，你的鞋揭穿了真实的你。而且我必须要承认：我单身的时候，通常注意到的第一件东西就是男人的鞋。他的鞋干净吗？磨损了吗？擦亮了吗？过时了吗？便宜吗？我向你保证我不是那种对鞋痴迷的人，但是，我真心觉得通过看一个男人的鞋就知道他适不适合我。（另外，顺便说一下，我最后是彻头彻尾地跟了一个叫作艾伦·埃德蒙兹的男人。）

鞋子能够而且的确帮你的个人品牌发出强烈的信号。因此，停下一秒钟，向下看看——现在你的脚上穿着什么呢？你看到的东西能够反映你想要的个人品牌吗？看一下你柜橱中的鞋，要确保你的鞋能够代表**你**！

你的延伸。说到你的外观，这不仅仅是你的身体和你的衣橱的问题了。你在工作中如何对待和装饰你身边的区域同样能够反映你的个人品牌。

你的办公桌。办公桌如何表现出你是什么样的人呢？上面是不是乱糟糟地堆着纸摞、写过的便签、书和杂志呢？或者它是不是整洁、有条理呢？你办公桌的状况反映**你**什么样的特点？重要的是，你的受众经常看到你的办公桌吗？如果是这样的，它所表现的样子传递出你想要的个人品牌了吗？

你的办公室/工作区域。你的办公环境所包含的不仅有你的办公桌。它同样包括你墙上挂的照片或者油画、家具以及你所放在那儿的所有东西。客观地看一下你的办公室。你在那里看到了"谁"？如果你不知道这个办公室属于谁，你会对这个人有什么印象？这是否是你想要别人对于**你**的感觉？

你获得了这个"外观"

总之，你的外观的许多方面是你能够控制的，你在把你的外观变成**你**的外观的过程中能够玩得开心！但是，不要仅仅在特殊的场合为你的个人品牌所打扮。想想吧：你会确保在进行大演讲或者会见贵宾时会看起来最棒，不是吗？因此，为什么不假装每天都有大演讲或者会见重要来宾呢？你可以把每一天都变成"和我的个人品牌相一致的、看起来最棒的一天"。你会对自己感觉很好，你也会知道你与个人品牌保持一致。另外，你也不知道什么时候会让你为贵宾立刻进行演讲！

练习：

你的拼贴画

你的外观和你想要的个人品牌应该手牵手前进，因此返回去回顾一下你想要的个人品牌特性报表。在你的个人品牌定位报表的这一部分，应该有5到6个描述性的词语或者一个叙述性句子来描述你的特性。为你的个人品牌特性中的每一个特点准备一张纸，在每张纸的顶端写下一个特点。（如果你是用一个叙述性句子描述你的特性，从句子中提炼关键词以完成此项练习。）然后，迅速查看杂志和报纸，将你认为可以传递出这些特性的照片和形象剪下来。你最后可能得到一个服装的照片、一个很好地修剪的手、或者一种特定的发型。可以是任何你认为可以表现出你的品质的东西。一直做这件事，直到每一张纸上都贴满了反应你每个特点的照片。

现在，找一些你自己的照片——特别是你在工作环境中的照片，如果有的话——把他们举起来，放到你的那些纸旁边做对比。在你的这些照片中和你选择的杂志中，你是否看到其传播相似的信息？如果没有，你是否看到与你想要的个人品牌形象偏离最多的地方是什么？你现在到底在哪里？你可以在哪里进行调整？列出一个表，看看你的外表需要进行哪些调整才会和杂志中的照片最接近？

你的"外观"营销计划

现在你知道了，在你想要的个人品牌形象上，你哪些方面做得好，哪些方面还不符合要求。你可以设立一个目标，把你的个人形象从现有的个人品牌提升到想要的个人品牌。我们来看看凯瑟琳和埃里克想要怎样做使得他们的外观和想要的个人品牌相一致。

凯瑟琳的想要的个人品牌总结：

一个被信任的、不循规蹈矩的、有创造力的团队领导，永远不会放松，永远不会让团队仅仅满足于"好"，鞭策整个组织达到更高的目标："冠军中的冠军"。

外观 →

重新布置办公室，创造出不循规蹈矩的个人品牌。找到一些时尚的、先锋地位的新艺术品。投资购买一些看起来现代、专业而不庸俗的办公桌饰品。

埃里克的想要的个人品牌总结：

"黄金标准"的设定者和达到者，完全值得信赖，致力于服务中的卓越。

外观 →

更好地护理我的皮肤和手——它们时时刻刻都展现在客户的眼前。每个月最后一个星期六将指甲进行基本的修剪，使其保持好的形状。因为每天与文件和纸张打交道，投资一些没有气味的护手霜，使双手不会变粗糙。

现在，轮到你了。在你的营销计划中，你的外观是什么样子的？你要采取哪些步骤使得**你**看起来更像你想要的？

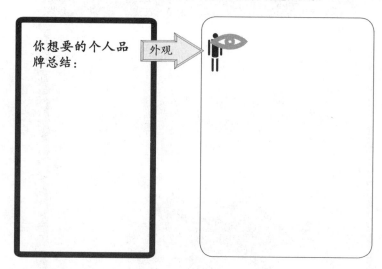

你取得了巨大的进步——在你的个人品牌营销计划中，只有另外两个活动了！我们另外一个重要的活动是声音，你可能想不到，但是这与你的外观有关系。

"是的，我知道你父亲过去为这个公司工作。
你正穿着他的工作服呢。"

声音

15

个人品牌营销计划4号活动：声音

讲话是灵魂的镜子；人如其言。

——拉丁语作家普珀里琉斯·西鲁斯

声音如何与你的外观相似呢？为了我们的目的，我们这里的声音不是你说的是什么，而是如何去说。如果你一张开嘴你的嗓音就削弱了你的个人品牌，那么你究竟说的是什么就无所谓了。因此，就像你的外观一样，你的声音可以立刻创造出第一印象，可能树立或者破坏你的个人品牌。当然，这不意味着你说的是什么不重要，但是你的语言的这一部分已经包含在你的个人品牌营销计划活动列表中的行动和反应这两部分了。

你的声音到底有多重要？想一想对你有强烈影响的一些声音。可能是指甲刮过黑板的声音，门砰地关上的声音，半夜强风呼啸的声音，在开着的门廊上风铃在微风中摇摆的声音，或者海浪拍击海岸的声音。许多声音——不仅仅是音乐——有力量在积极或者消极的方面感动我们。

控制你的声音

你的声音能够为你承载巨大的个人品牌力量，这是如何向你的受众成功地传播你的又一重要部分。但是，就像你的外观一样，你的声音有些部分是你能够掌控的，有些是你不能掌控的。那是因为，正如你的外观一样，你的声音是解剖你的一部分。因此，你可能提高你声音中的一些方面，但是你没有办法完全将其改变。

速度。你是否说话过快或者过慢？两个极端都是问题。如果你说话太快，别人跟上你说的话会有困难，而且说话快会让你看起来焦躁、紧张或者匆忙。如果你把你要说的词语太快地连接起来，人们最终无法理解你所说的话，交流很快地会断掉。这对任何一个个人品牌都没有好处！

结果就是，如果人们需要很努力才能跟上你说的话，他们很快就会累了。按照美国处方药的电视广告来办吧。当一个播报员说完他们想要你听到的信息后——用的是一种快乐的、病人"解释"的口吻——播报员会突然加速，以一种难以置信的快的速度来讲该药的副作用，说-话-的-感-觉-就-像-他-的-词-语-间-没-有-空-格-键——一样。尽管法律规定这个信息要在广告中出现，做广告的人还是希望你完全忽略这个信息。

另外一方面，如果你说话太慢，你的受众很快就会感觉累了，很可能是感觉不耐烦和无聊。这里有一个线索：如果你发现人们总是帮你完成句子，或者总是打断来搞清楚你要说什么，这可能是你说话太慢的迹象。

不知道你说话的速度是否传递出你想要的品牌？试着给自己录音或者让朋友告诉你是否说话太慢或者太快。如果有必要的话，进行练习，直到和你想要传播的个人品牌相一致的速度对于你来说变得自然了。

音高。你不能改变生而俱来的嗓音，但是可以改变音高。过高或者过低的声音都会让人失去兴趣。我曾经有一个很棒的秘书，但是她的声音——特别是在电话上——保持着一个不变的、很高的音调。这还挺严重的，几个客户给我打电话投诉这件事情，所以我开始和她一起努力把她的音高降下来。这个方法最终起作用了，她开始假装自己是一个嗓音很低的大个、魁梧的男人。这很有趣，因为她只有5英尺2英寸高，重量只有110磅！我们接下来知道的事情就是，她的声音不再尖锐刺耳了，而且也没有客户打来电话投诉了。而且这对于她来说也很有趣！

如果你把自己的声音录下来，发现声调自然高或者低，要努力把声调相应调低或者调高。你会发现其他人会更仔细地听你说话，那么你就能知道这个音高是最能传播你的个人品牌的音高。

清晰的发音。不论你想要传播什么样的个人品牌，清楚而正确地吐字是非常重要的。如果你吐字有困难，要考虑做3件事情：练习，练习，练习！

你是习惯咕哝着说话的人吗？如果人们经常要求你重复你刚才说过的话，那么很有可能你是在喃喃自语。要让别人理解你所说的话——准确地传播你的个人品牌——你需要很清晰地吐字。如果你不能清晰地吐字，你就有被人认为是漫不经心的风险，或者是不在乎别人是不是理解自己。

音量。要避免说话声音太大或者太小。没有人喜欢别人对自己大喊大叫，因此，如果你说话声音太大，你就有传播"霸道的"或者强势的个人品牌特性的风险。在打电话的时候特别是这样的。你有没有和一个嗓门特别大的人打过电话，你不得不把听筒放在离自己很远的地方？这不舒服、让人烦恼，你不会想和这样类型的人做生意，对吧？

另外一方面，说话声音太小就是毫无意义。这样说可能有一点苛刻，但是老实说：大声说……或者干脆闭嘴。没有比需要竖起耳朵听别人说什么更累人的事儿了，不需要多长时间你就放弃了。

不幸的是，在说话声音太小这方面，女人们通常是犯这个问题最多的。我曾经是一个非营利组织的董事会成员，他们的首席财务官是一个非常有能力的女士。但是，她在会议上做财务报告时，说话声音太小了，以至于所有的董事会成员都要探身过去以便听到她说的话。首席执行官曾经指导她大声说话，但是好像根本没有起作用。首席执行官对这个情形彻底失望了，最终要求她在领子上夹上一个麦克风，在想要说话的时候把麦克风打开。我当时的感觉是，她觉得这个有点搞笑，有点可爱。但是不是这样的。它所传递的是一个非常弱的个人品牌。事实上，因为她没有办法克服说话声音小的这个问题，有些董事会成员甚至怀疑她的能力。如果说话声音太轻是你的挑战，去进行声音训练。不这样做可能就是个人品牌——甚至是事业——的破坏物，所以，忽略这个问题是不值得的！学会用微妙的方法改变你声音的音量。这是最好的个人品牌建设者做的事情。比如说，注意电视广播员、好的演员和职业演讲者如何使用音量来强调某些点。有时，他们可能说话声音大一点或者小一点来吸引受众的注意。那就是为什么他们挣那么多的钱！

说话太多。 如果你习惯于说话太多，不让别人有插话的机会，关键是要学会停下来、呼吸、聆听。你很兴奋或者紧张时，很容易忘了这一点，但是你的受众最终会把你关掉。如果你还是漫无边际地侃，他们会觉得你对他们要说的东西不感兴趣。事实上，你会给人一种以自我为中心，不愿意聆听他人的印象。那不是个人品牌助力器，这是肯定的。

相反的方面同样是个问题。你是不是通常太安静了？一开始这可能难以接受，但是为了你的个人品牌好，重要的是从你的壳里出来，参与讨论。学会用一种积极的方式来传播**你**！

情绪。 通过你的声音模式你传递出什么样的情绪？你的声音是否充满了精力和热情，或者它是否缺乏承诺？你说话的时候，你的声音有说服力吗？如果你的声音单调，试着变换语气，让恰当的情感通过你的声音传递出来。如果这对你是一个特别的问题，和声乐导师一起为之努力。如果你不确定你的情绪如何通过你的声音传递出来，听一下你说话的录音带，或者让别人给出意见。

想想你所听过的、有活力的讲话人说话。是他们所表达的情绪让所有人坐在了椅子边上。他们说的话可能影响深远，但是相同的话如果毫无色彩地说出来，它们就达不到预想的效果。好的个人品牌建设者知道，以一种恰当程度的情绪让受众加入到传递的信息中来，是一种交流的能力。

电子邮件：你"写下的声音"

别忘了，尽管电子邮件是写下来的，它们也反映了你的声音。我们习惯于非常注意在正式的、蜗牛般的信件中写的东西是什么，但是我们在写电子邮件的时候可能非常漫不经心。但是，你的个人品牌会从电子邮件中展现，就像在电话中，或者面对面交谈中会展现一样。而且，正如讲话一样，通过电子邮件传播你的声音通常不在于你写什么，而是在于你怎么写。

比如，你写的电子邮件是否以一个很美好的问候开始，或者是否你对先前的一个问题给予一个一行的回答，连落款都没有？如果你给这个人打电话的话，你不会只说那个一行的回复，然后挂断，连个你好、再见都没有，对吗？那么，为什么在电子邮件里的沟通就不一样了呢？

如果我们不小心的话，电子邮件会给人以轻率和无礼的印象。记住你想要的个人品牌。你试图要传播什么样的个人品牌？你如何使用电子邮件来支持这一点？多花10秒钟给你的电子邮件加一个热情的问候和结语。你肯定比不那么注意他们电子邮件的人看起来更突出，这会帮助你建立一个很好的个人品牌。

你的"声音"营销计划

你的声音需要一个彻底检查吗？现在需要探讨你的个人品牌营销计划中的声音这部分了。我们来看看我们两个同事的情况，看看他们每个人传播想要的个人品牌中，在这个活动上将要怎么做。

凯瑟琳的想要的个人品牌总结：

一个被信任的、不循规蹈矩的、有创造力的团队领导，永远不会放松，永远不会让团队仅仅满足于"好"，鞭策整个组织达到更高的目标："冠军中的冠军"。

声音 →

努力在我的声音的噪音这方面表达出更多的热情和自信来完全支持我自己的创新想法和团队的创新想法。听一下我录下的自己的声音，看看我如何、在什么时候可以听起来更有自信。

埃里克的想要的个人品牌总结：

"黄金标准"的设定者和达到者，完全值得信赖，致力于服务中的卓越。

声音 →

在我与客户交谈的时候，要放慢我说话的速度，以确保他们理解我所分享的信息；在打电话的时候，要音量降低。

好的，你知道这个训练了——现在轮到你了。你的声音营销计划是什么样的？你要采取什么样的步骤确保你的声音反映了你想要的个人品牌**你**？

你想要的个人品牌总结：

声音

"我本来是想要表现得冷静，可能有点儿过了。"

BBBrown

思想

16

个人品牌营销计划5号活动：思想

思想用语言展现出来，

语言用行动展现出来，

行为发展成习惯，

习惯强化在个性中。

因此，小心地关注思想及其走向……

有什么样的思想，就会成为什么样的人。

——来自佛祖的法句经语录

在传播个人品牌的5个活动中，我真的觉得我把最好的一个留到最后：你的思想。在最能传播你的个人品牌的每天的5个活动中，<u>这是能够影响你的个人品牌营销计划中其他活动的那个</u>。你的思想影响你的行动、你的反应、你的外观和你的声音。

我接下来要写的东西可能在你看来有点儿疯狂，但是想想吧。我们现在认为伽利略是现代科学之父，但是在17世纪，他被整整审问了18天，受到拷问，关押入狱，并且被打上异教徒的标签。宗教裁判所将他终身软禁，直到他78岁时死去，死时已失明。在他下葬的时候，甚至不允许给他一个纪念碑。他到底犯了什么样可怕的罪行使得他应得如此残酷的对待？他写文章、做讲座，支持地球绕着太阳转的信念。你能想象得到吗？今天，我们知道地球绕着太阳转是个事实——我们不能想象到还有其他方式——但是在伽利略的时代，这个想法被认为是忍无可忍的。

我告诉你伽利略的故事是希望你在读到这章的时候停止怀疑，考虑一下，下面的文字是可能的，即使那挑战了你信念系统的基础。在这个领域做过实验的科学家相信在未来（从现在以后的30年……100年……200年）下面的5个字会被普遍接受，就像我们今天接受以太阳为中心的太阳系一样。你准备好了吗？

> **思想是物体。**

科学开始证明思想以非常实在的方式存在于世界上——思想是由能量组成的，就像花朵、动物或者人体。即使我们的思想不想鞋子那样"可见"，或者像羽毛那样"可触"，思想是绝对、肯定存在的。（想想吧：你也看不到空气，但是它肯定在那里，对吗？）我们能够证明身体上的大脑的存在，但是"思考器"——生成我们的思想的那部分——很大程度上还是一个谜。还记得丹妮的故事吗？还有那匹可以感觉到她丈夫心脏病发作的马？还有很多科学没有完全理解的东西。同时，越来越多的实验指向了我们的思想的力量和"确实性"。

因此，我在本章想要关注的是在发展和始终如一地传播你的个人品牌中，你的思想的力量。正如你要做出选择用哪支笔或者如何使用你的电脑一样，你也要做出选择如何使用你的思想来建立你的个人品牌。

当然，我们在生活中通常看到或者触摸到的"东西"都是别人创造的——东芝做了我的电脑，万宝龙做了我的笔。但是对于我来说，关于我们的思想最令人兴奋的一点是我们创造了它们。这个是个大好消息，因为这就意味着我们对思想有终极控制的能力。你，而且就是你，既负责你的思想的生成，也负责你思想的结果——从开始到结束。

事实上，比起你的外观和你的声音，你对你的思想有更多的控制力。你生理上的特性与你的思想没有关系，所以你可以随意变换思想。这可能需要花一些努力，但是你的思想给了你巨大的机会来影响你的个人品牌营销计划的方方面面。你能够通过你的思想来完全控制你的个人品牌！

思想就像没完没了地抽烟

心理学家估计我们大概平均每天有6万个想法。那就相当于醒着的时间里每小时3750个想法。呦！你有没有给你的想法列一个详细清单？停下来回顾一下。你每个小时都产生什么样的想法？

有趣的是，心理学家也估计出，我们每天产生的6万个想法里，95%—98%会在接下来的一天，接下来的一天，再接下来的一天重复。我们每天和接下来的一天的想法中，只有2%—5%是不同的。这就意味着我们倾向于有一些习惯性的想法，会保持同样的思维模式，并且保持在一个"思想凹槽"中。你会觉得我们会对同样的想法厌倦了，不是吗？但是，显然，我们甚至都没有注意到我们反反复复想着同样的事情。我们不会停下来反思我们头脑中日复一日地充斥着什么样的想法。

像多数人一样，你的心灵上可能多年以来不小心形成了一些坏习惯。但是，就像烟瘾大的人或者喝太多酒的人一样，你可以控制改变你的思维习惯。如何做到呢？嗯，这需要集中精神。你，也只有你，有能力决定你在某一刻想什么。如果你不控制你想什么，你就会一直受到习惯的左右。

我们的生活会进入一定的模式，我们似乎没有办法摆脱掉，这没有什么奇怪的。你有没有想过可能是你的思想要对你生活中反复出现的不好的模式负责？比如，你的思维模式要完全对你现有的个人品牌形象负责。因此，如果你想要传播你想要的个人品牌，你可能需要改变你的思维模式以便获得不同的结果，这完全说得通。

简而言之，这里有一个因果关系在起作用。你的思想是原因，你的事业、你的生活、你的关系，还有你的个人品牌是结果。

如果你想要改变结果——产出的东西——你必须改变原因——你的思想。简单吧，不是吗？

为了改变你的思想，你需要开始习惯性地注意你在想什么。然后你就会看到你的思想在你个人品牌的发展上所产生的效果。只有到那个时候你才能够超越你现有的个人品牌。

所想即所得

你认不认识天然就很兴高采烈的人，他们的生活总是很紧凑、很有条不紊？他们有完美的家庭、完美的工作、完美的生活。我强烈相信有一个东西将这些都统一在一起：他们保持一贯积极的心态，平时就有一些积极的想法。他们会看到杯子一半是满的，而不是一半是空的。保准是这样的。

你看到他们的生活和个人品牌上积极的结果是内心所驱动的。他们很习惯地想事情如何能够变好，然后他们的想法就变成了现实。你每一天都可以看到他们的思想在他们生活中的影响。

那么你呢？你的脑海中日复一日盘旋着什么样的想法呢？你是不是那种每天早上醒来就说"吓！又是一天。我不得不去办公室再次面对某某人了。我知道这会是很糟糕的一天"的人之一？当然，因为这种想法占据优势，成为你未来24小时的基础，它就是一个自我实现的预言。这的确成为了糟糕的一天！你证明了自己是对的，但是你从这里得到了什么呢？

如果你把这个最初的想法变成积极的想法会怎么样呢？如果你醒来以后对自己说的第一件事情是："哈——又是新的一天！我期望到办公室里去，努力和珍妮弗建立更好的关系，这是实现我想要的个人品牌、获得更好的事业重要的一步。这将是富有成效的一天。我们起床出发吧！"那会怎么样呢？你的一天会有多么不同呢？很棒的一点是：即使你在做积极的宣言时还没有完全相信它，你最终会开始相信的。如果你为自己可能会有更好的一天开了一个小口子，如果你持续不断积极地去想的话，门很快会为你敞开。我不是主张你要带着那种言过其实的竞赛节目主持人的态度到处走，但是指望得到最坏的结果肯定会发生：最坏的结果。

是不是更为积极地思考听起来有挑战？真相是管理你的思想远不像火箭科学或者魔术那样复杂。它事实上令人难以置信的简单，还有——就像我们之前所说的——这是在你的掌管之下。比如：

你是不是想让人们在工作中对你的个人品牌的感知、看法和感受是"更快乐"？那么，给工作一些更快乐的思考。

你是不是想让人们在工作中对你的个人品牌的感知、看法和感受是"更可靠"？那么，给工作一些更可靠的思考。

你是不是想让人们在工作中对你的个人品牌的感知、看法和感受是"有创造力"？那么，给工作一些创造性的思考。

练习：

搜寻好的想法

你想让别人对你有什么样的感知、看法和感受？回顾一下你的个人品牌定位报表。你需要具有什么样的想法才能使你想要的个人品牌变成现实？

你现在头脑中有什么其他的想法挡住你的去路，试图削弱你积极的想法？你在想那个消极的想法时，写下一个相应的积极的想法来代替那个消极的想法。看看下面的例子，给你一个概念。

例子：

消极想法：我就是没有办法学会用这个新软件。

替代的积极想法：每一天，我都会对这个新软件越来越熟练了。

控制你的心猿

我几乎可以听到你说："我之前听说过控制你的思想这类东西，但是它太难了！"一个泰国和尚曾经告诉我，我们的头脑可能像未驯服的猴子，总是活跃地跳来跳去，跑来跑去。为了训练它，我们必须学会拴住这只猴子，就好像它在一条铁链上一样，直到它完全在我们的控制之中。我们每一个人都可以选择什么时候拴住我们的"心猿"，什么时候再次让它到处跑。毕竟，这是你的头脑！要么就是你控制你的头脑和你的思想，要么就是你的头脑和你的思想控制你。我知道我更喜欢哪一个。你呢？

练习：

抓住你心猿的尾巴

这里有几个方法可以使你控制你的思想，拴住你的心猿。抓住它的尾巴，让它成为你的宠物——而不是反过来。

1. 知道你有哪些想法。盘点每一天都有哪些类想法跑过你的头脑。把它们写下来，以便了解哪些是最习惯性的，哪些是最有破坏性的。你的想法主要是积极的还是消极的？你的想法是与你想要的个人品牌相一致还是可能会削弱你想要的个人品牌？

2. 控制它！告诉你的头脑你才是这儿的负责人，你不会允许任何负面的想法来干扰你建立你想要和应得的个人品牌。

3. 如果你发现你的思想中充满了恐惧、疑惑、质问，以及"假使……将会怎么样"的情形，开始训练自己，把你的思想转到更为积极的东西上去。列举你生命中最快乐的时刻，包括所有感官体验。比如，不要只是写："我提升为高级营销经理的那一天。"花些精力列一张表，这在你感到心情沮丧的时候可以帮助你。因此，要写一些这样的东西："我被提升为高级营销经理的那一天，我的老板叫我进到会议室去，在整个团队面前宣布了这个决定。每个人都鼓掌祝贺我，我感觉好像在云端漫步。我永远不会忘记那种自豪感和成就感。很显然，我的老板和团队感谢我在工作中所作出的努力，公司信任我能够承担这些重要的责任。"当你需要把思维从负面的东西转换过来时，让你的头脑集中于你列表上那些积极的回忆。尽可能地再次体验它。把你的眼睛闭上一会儿，让你的感官回到那些快乐的时刻。你做这个练习越多，你就能越快地把你的负面思维转换成正面思维。事实上，最终，你要做的就是想想"我的提升"，你的焦点就会自动转移，释放你的负面思维。

4. 记住，思维同样也是反应，就像身体上的反应一样。你的思维反应失控了吗？当工作中出现困难的情形时，你可能控制你说的话和做的事，但是你的思维是不是发疯了呢？你是不是立刻得出结论，或者在头脑中对人发狂了呢？这些反应当然是自然的，我当然不是在建议你永远不要感到愤怒、表达愤怒。但是要认真地想想这些想法如何服务于你，特别是一连多日你在头脑中对别人大喊大叫。思维很容易全部让这些情绪占据，但是它们抢夺了你许多的精力，让你集中于这些负面思维上！下次你再进行下意识的思维反应时，管住你自己。学会尽快释放关于这个情形的负面思维。否则，你会让这个情形控制你，而不是反过来。不要再想谁正确、谁错误。如果你因为相信自己会在争论中获胜，而浪费时间在负面的想法上，你就已经输了。记住，正如你有能力控制身体上的反应一样，你也可以控制思维的反应。

5. 为了改变你的思维模式制定出目标，目标要有可行性，而且要有挑战。你的目标也应该是可以测量和可以量化的，这样你就知道你什么时候达到了每一个目标。比如："从现在起到下午3点，每一次我发现自己冒出了一个非个人品牌建设的想法时，我会把我的思想转换成想＿＿＿＿＿＿。"你明白了这如何开始训练你的心猿了吗？

6. 在达到目标和出现积极的品牌建设的想法时奖赏自己。每天结束的时候进行盘点。如果你多数的想法是积极的，在回家的路上犒劳自己最喜欢的星巴克饮料，或者带自己去看场电影。你的头脑一旦理解了，你在出现积极的想法时会得到奖赏，它会更容易驯服。最终，积极地思考会很容易成为你的一种生活方式。

成功的"图景"

一流的演员和运动员经常说，他们会想象自己的成功。他们会想象自己得到了工作，进行了上佳的表现，赢了比赛，或者第一个冲过终点线。他们中的许多人都发誓说，用这种方法不仅能在大事件之前非常积极地集中注意力，而且能把这个图景变成现实。

试着在头脑中上演"明天"。人们怎么回应你呢？你如何回应他们呢？你如何展现你自己呢？你看起来是什么样的？人人都认可你所提供的东西时，有什么样的感觉呢？想象你自己成功地实施了个人品牌营销计划。将你的思想变成行动，让你的愿景成真。

不论你如何切割它：负面思维就是负面的东西

还是不能信服思想是物体这个说法吗？不论你是否支持思想是门科学这种说法，实际情况是如果你保持态度积极、控制你的思想，生活会更令人愉快。很少有人会不同意这种说法，就是态度消极的人作为朋友和商业合作伙伴都不那么有吸引力。传播一个消极的个人品牌没有好处。不论你在品牌其他方面投入多少努力，负面想法会阻止你将想要的**你**完全实现。在有负面思维挡路时，其他人很难真正对你想要的个人品牌有必要的感知、看法和感受。

随着世界越来越意识到思想的力量，像《万有引力》和《秘密》这样的书会进入主流。今天，人们越来越接受这样的观点，我们生活的绝大部分是我们的态度和思想的反映。我们开始看到我们头脑中的简单改变会创造我们生活中真实的改变，并且共同地引起世界的改变。

你的"思想"营销计划

那么，你如何使用思想，离开你现有的个人品牌，走到想要的个人品牌呢？在你的个人品牌营销计划中，如何在你的思想上进行努力呢？我们来看看我们的两个同事要做什么来掌控自己的思想。然后，就轮到你来完成你的思想营销计划。

凯瑟琳的想要的个人品牌总结:

一个被信任的、不循规蹈矩的、有创造力的团队领导,永远不会放松,永远不会让团队仅仅满足于"好",鞭策整个组织达到更高的目标:"冠军中的冠军"。

思想

密切关注我的创意能力周围的那些不稳定的思想,列举出用哪些积极的思想来代替那些消极的思想。

埃里克的想要的个人品牌总结:

"黄金标准"的设定者和达到者,完全值得信赖,致力于服务中的卓越。

思想

忘掉与分行经理有矛盾的负面思想,每天早上离开家去上班之前关注于积极的思想。不要再放任自己在内心里与分行经理争论。列举出在负面情绪成为问题时,用哪些最快乐的时刻来替换它们。

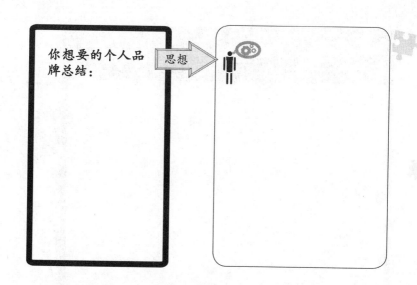

你想要的个人品牌总结：

思想

干得好！你现在已经准备好把你全部的个人品牌营销计划都整合到一起了。这是将你的个人品牌变成现实的关键。

传播它

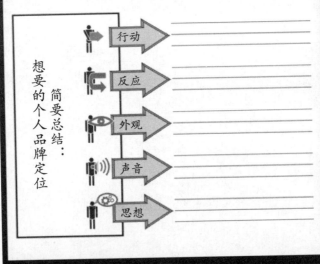

个人品牌营销计划

简要总结：想要的个人品牌定位

行动
反应
外观
声音
思想

步骤二

17

你完整的个人品牌营销计划

> 我可以给你成功的十一字公式：彻底想清楚——
> 然后坚持到底。
> ——第一次世界大战王牌飞行员和赛车手埃迪·里肯巴克

你已经深入地探讨了组成你个人品牌营销计划的5项活动，现在，你已经准备好合并你完整的营销计划了。现在，我们把5项活动全都写在一页上：

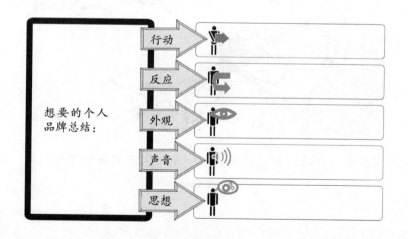

看看下一页上凯瑟琳和埃里克完整的营销计划。你看过他们的例子之后是否想要把你的计划进行调整？你一旦看到你的营销计划中全部5个活动在一起的时候，你是否想到要在你的计划中增加什么东西以强化每一项活动？这些改变是否能够弥补你现有的个人品牌和你想要的个人品牌之间的差距？你计划中的每一项都能将你推向**你**吗？

"在我们开始之前，让我们花一点时间来回想一下我们的
隐秘议程。"

凯瑟琳的个人品牌营销计划

埃里克的想要的个人品牌总结：

一个被信任的、不循规蹈矩的、有创造力的团队领导，永远不会放松，永远不会让团队仅仅满足于"好"，鞭策整个组织达到更高的目标："冠军中的冠军"。

行动 ➤ 激励团队更多创新和更富有成效，组织头脑风暴、研究趣味练习来帮助每个人在条条框框以外思考。经常和团队讨论他们的点子，在与管理团队讨论新点子的时候更为肯定。

反应 ➤ 准备好上级不能立刻接受这个点子的反应。在布鲁斯对新观点使用他常用的"使人不再作声的反驳"时，准备好保持平静。在合适的时候，不要害怕以沉默应对，而不是投入进去，开始讲话。

外观 ➤ 重新布置办公室，创造出不循规蹈矩的个人品牌。找到一些时尚的、先锋地位的新艺术品。投资购买一些看起来现代、专业而不庸俗的办公桌饰品。

声音 ➤ 努力在我的声音的嗓音这方面表达出更多的热情和自信来完全支持我自己的创新想法和团队的创新想法。听一下我录下的自己的声音，看看我如何以及何时可以听起来更有自信。

思想 ➤ 密切关注我的创意能力周围的那些不稳定的思想，列举出用哪些积极的思想来代替那些消极的思想。

埃里克的个人品牌营销计划

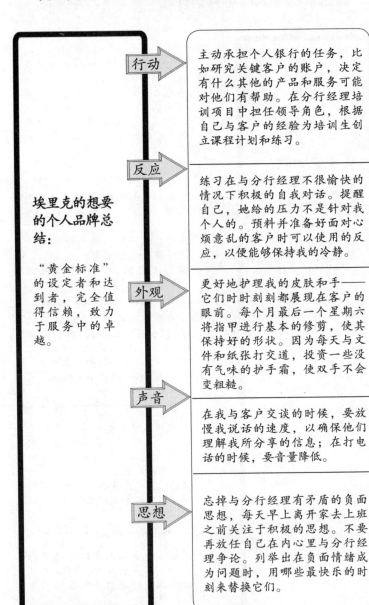

埃里克的想要的个人品牌总结：

"黄金标准"的设定者和达到者，完全值得信赖，致力于服务中的卓越。

行动

主动承担个人银行的任务，比如研究关键客户的账户，决定有什么其他的产品和服务可能对他们有帮助。在分行经理培训项目中担任领导角色，根据自己与客户的经验为培训生创立课程计划和练习。

反应

练习在与分行经理不很愉快的情况下积极的自我对话。提醒自己，她给的压力不是针对我个人的。预料并准备好面对心烦意乱的客户时可以使用的反应，以便能够保持我的冷静。

外观

更好地护理我的皮肤和手——它们时时刻刻都展现在客户的眼前。每个月最后一个星期六将指甲进行基本的修剪，使其保持好的形状。因为每天与文件和纸张打交道，投资一些没有气味的护手霜，使双手不会变粗糙。

声音

在我与客户交谈的时候，要放慢我说话的速度，以确保他们理解我所分享的信息；在打电话的时候，要音量降低。

思想

忘掉与分行经理有矛盾的负面思想，每天早上离开家去上班之前关注于积极的思想。不要再放任自己在内心里与分行经理争论。列举出在负面情绪成为问题时，用哪些最快乐的时刻来替换它们。

你的个人品牌营销计划

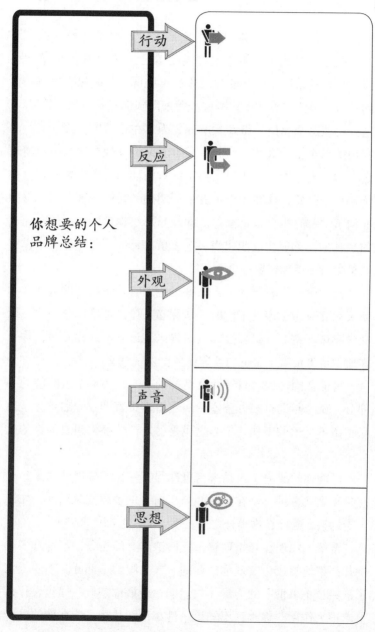

你想要的个人
品牌总结：

行动

反应

外观

声音

思想

在卑微中寻找意义

现在你的营销计划已经制定出了，重要的是把它放在手边！把它分成薄片，贴在你的办公桌上，粘在你的铅笔盒内侧，更好的情况是，把它变成你的电脑屏保。确保它在你的面前，时常提醒**你**需要采取哪些步骤来得到你想要的个人品牌。

记住这个会使你做到我所称之为"在卑微中寻找意义"。我说的这个是什么意思？嗯，基本上来说，现在你有了很清晰定义的个人品牌，也想出了特定的营销计划帮助你始终如一地传播那个品牌，你在工作中有了很明确的目标。现在，你做的任何事情都有机会来传播**你**。即使是那些你每天在工作中完成的平凡的任务现在也能代表一些事情。每一项任务都又给你一个机会来传播你想要的个人品牌。

比如说，你想要的个人品牌是更加有效率吗？那么，在你每天做几百份影印的工作时，从你必须读的那堆材料中拿一份文件到影印室。在机器复印的时候来阅读它。这样做时，你会在通常认为很微不足道的复印任务中发现意义。

可能你想传播"具有团队精神的人"作为你个人品牌的一部分？试着帮助打扫办公室厨房或者多帮着沏一壶咖啡。这也是很微不足道的工作，但是这也是另一个传播你想要的**你**的机会。

可能你想要的个人品牌与可靠很有关系？确保你每天早上总是早到几分钟，坐在你的办公桌前，午餐后按时回来，如果可能的话，确保在你离开之前，重要的任务都已经完成了。

希望，你现在开始理解，任何工作上的任务，不管有多么平凡，都能够成为实现你想要的个人品牌的一部分。不要低估了这些"小事情"的力量，它们能在传播**你**是谁，**你**代表什么上起很大作用。你永远不知道一件小事情是否可能在你的受众的眼中是大事情。事实上，小事情有的时候甚至比大事情更受到注意！

这里有一个例子：菲利斯是一个电脑网络项目经理，她想要的概念标签是"来自天堂的网络项目经理"。她开始从小的方面来达到她的目标，但是她不知道她的这些小努力会有多么大的影响，直到有一天，一个叫作布雷特的客户因为一个问题打来电话。菲利斯不仅做了她的工作，而且完成得很好，以最快的速度解决了布雷特的问题，她额外地教给布雷特一个快速小贴士，帮助他更高效地使用网络。第二天，菲利斯被叫到总监的办公室里，总监说布雷特打电话来赞扬了菲利斯的卓越工作。菲利斯给布雷特的小贴士被证明有很大的帮助。菲利斯不知道的是，布雷特是公司一个主要股东的儿子。不久之后，菲斯利收到了一份不菲的意外现金奖金，作为对她额外努力的回报。

不要忘记，每一次你和受众接触的时候，都是和他们建立关系，而那些没有在你直接受众的名单上的人可能会和你的受众谈起你。在任何一个见面中，不论是在会议室、在电梯上、在领奖台、通过电话，或者通过电子邮件，抓住机会传播你的个人品牌。在看似没什么的交流之中，你永远不知道会出现什么。好好把握每一个时刻，日复一日，始终如一。

我们已经走过了个人品牌系统的步骤一和步骤二，所以，现在就还剩下一个步骤了！你已经定义了你的个人品牌，并且确定每天通过你的营销计划如何传播它。现在，我们来做一些故障排除，确保你不会破坏掉你非常努力地开发的叫作**你**的个人品牌。

步骤三
避免破坏它

个人品牌破坏物

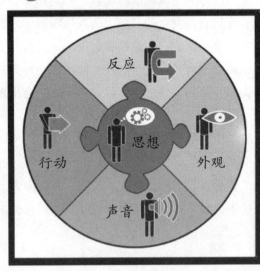

18

个人品牌破坏物

> 从他人的错误中学习经验——你绝不可能活得足够长，有机会自己犯每一个错误。
>
> ——短篇小说《蝴蝶夫人》作者，约翰·卢瑟·朗

尽管上面的引语让我咯咯地笑，但是我还是把这个话记在心里了。这就是为什么多年以来，我积累了一个我所称之为**个人品牌破坏物**的长长的清单。

这些是什么呢？嗯，简而言之，个人品牌破坏物是与你想要的个人品牌不一致的，或者是相反的行动、反应、外观、声音和思想。如果我们听之任之，个人品牌破坏物会极大地削弱你想要建立的个人品牌的努力。我在为全世界大公司工作与合作的过去25年的时间里，收集并积累了一个个人品牌破坏物的很长的清单。在建立和运营自己的企业，并且指导他人定义和传播他们的个人品牌时，我也收集了许多。当然，有些个人品牌破坏物是我在开发自己的个人品牌的过程中所犯的错误，我很高兴和你分享它们，希望你能免去我偶尔遭遇的尴尬！

指出这些破坏物的意图是——正如约翰·卢瑟·朗上面说到的——帮助你从我，以及我所观察过的人的错误中学习，这样你能够避免再创造这些破坏物，毁坏自己的个人品牌。

很重要的是要记住，个人品牌破坏物可能是你有意识或者

无意识做的事情。因此，要对它们睁开警惕的眼睛，因为它们就像隐形轰炸机一样——隐藏在你意识的雷达之下。

每个人都会时不时地为几个个人品牌破坏物而内疚，而且我们通常甚至没有意识到做了这些事情。因此，我想要和你分享如下20个破坏物（我们个人品牌营销计划的5个活动中各有4个），这样你在营销计划付诸实践的时候能够特别警惕这些破坏物。这20个个人品牌破坏物是我多年以来观察到的最普遍出现的一些。

当然，这个列表绝不是全面的。事实上，你能够建立的个人品牌破坏物清单没有尽头。毫无疑问，你会想到其他在你特定工作中或者情形中的破坏物。的确，你应该这么做！如果你这么做了，把它们写下来，开始建立你自己的清单。

你如何识别出个人品牌破坏物？

1. 你在判断的时候犯了错误，把它记下来，避免重复此类错误。这就是你个人品牌破坏物清单的开始。

2. 观察别人，观察他们做什么或者说什么会破坏他们的形象。从此之中，你会在避免破坏你自己的个人品牌上学到很多经验。

下一章的个人品牌破坏物适用于任何想要被认为专业、自信、可靠和有控制力的人——我们多数人都想要在工作中展现这样的特点。花一些时间通读每一个，想一想它，诚实面对自己。你有没有成为其中任何一个习惯的俘虏？如果你不确定的话，让你亲近的人给你客观和坦诚的看法。只有这样你才能确定你的个人品牌得到了正确的传播，带领你获得**你**所应得的成功。

现在，我们来爆掉那些破坏物！

"记住，成功是建立于避免个人品牌破坏物的基础上。"

19

常见的个人品牌破坏物小测验

> 我从来不犯愚蠢的错误。只犯非常、非常聪明的
> 错误。
>
> ——英国播音员约翰·皮尔

约翰·皮尔的引言强调了一个重要的问题：除非你从错误中学习到东西，否则错误都不是愚蠢的。事实上，我同意皮尔的说法，就是多数错误都是非常、非常聪明的，因为它们开了一扇门，帮助我们越来越好地传播我们的个人品牌。

正如我们在上一章所了解的那样，个人品牌破坏物是别人在建立个人品牌的道路上所犯的一些错误，如果你把它们放在最重要的位置上，它们也能够帮助你避免破坏你的个人品牌。这些都是你在执行你的个人品牌营销计划时要避免的陷阱。

在接下来的几页中，你将看到我所遇到的20个最常见的个人品牌破坏物。我们5个营销计划的活动：行动、反应、外观、声音和思想，每个中各有4个。你发现自己身上有其中任何一个破坏物吗？你在看完这些之后，做一下本章末尾的测验，在这些个人品牌破坏物上测试一下自己。你做的分数如何？你那个时候就会很确切地知道需要做多少工作来爆掉那些破坏物！

个人品牌破坏物——行动

1. 进行不适当的握手。你握手时是不是太轻了？我遇见过出奇魁梧的男人跟我握手时特别"软塌塌"，他们完全破坏了我对他们最初个人品牌形象的印象。不论你的外观如何，如果你握手时不能表现出自信，你会破坏你的个人品牌。在这个全球工作的世界中，握手仍然是互相打招呼最普遍的方式。在你递上名片，甚至是开口之前，你跟别人握手，用你的握力给人以第一印象。

另外一方面，你的握手是否是软塌塌对立面呢？我也见过有人和我很有力地握手，把我的手捏得很疼，我的戒指几秒钟之内就勒进手指中去了。你觉得这个人刚刚对我传递了什么样的个人品牌呢？霸道的人？一个用武力自主行事的人？不管是哪一种，都不是我想与之工作的人！

我不知道有哪个学校教授"握手101"这门课程。因此，遗憾的是，我们多数人都没有被教会最佳的握手方式。如果你不确定你的握手好不好，要进行练习。这应该是坚定的，与对方拇指和拇指相连接。如果你不确定是否力量太大，或者不知道是否捏得太重，问问你相信能与你坦诚相待的人。不论你做什么，确保你的握手有效地传播了你想要的个人品牌。如果不是这样的，它会留下一个个人品牌的印象，可能很难……嗯，摆脱掉！

2. 在你的职责范围内，请求他人允许来作出决定。你有没有注意到非常成功的人很少请求别人允许？他们会请求原谅。他们就这样作出决定，进行行动。对于强有力的个人品牌建设者来说也是一样的。

我不是鼓励你去大包大揽，在你的职责范围外作出决定。但是，在这个范围内，要有信心你有能力不需要先询问别人，就可以作出决定。如果你的职责范围是不明确的，或者在某些地方你想要更大的职责，和你的老板坐下来，筹划这件事情。说："我想要不需要请求允许就在这领域作出决定。帮我划定这个范围。我怎么知道你想要我在哪里请求允许，在哪里不需要请求允许呢？"这是一个强有力的个人品牌建设者。你的老板——你的受众——会为此对你非常敬佩。

3. 在处理困难的问题之前，先做不太重要的、简单的任务。成功的品牌建设者每天早上定义他们的工作的优先顺序，并且照其行事。你也应该这样做。要保持自律——首先投入其中，解决最困难和最重要的挑战。如果你先做那些最简单的任务，你可能到一天的结尾非常疲劳，没有精力完成最有挑战的任务，而这些却可能是你事业中最重要的一些任务。在需要更多精力的事务上，你需要清爽、头脑清楚，这就意味着处理这些最好的时间是在早上。成功的个人品牌建设者首先集中于最困难的任务——以及最能满足他们受众的需求的任务——来保证他们最好的精力用于最重要的工作。

4. 连续不停、不休息地工作。在表面上看来，这似乎是一件好事。你会看起来努力工作，全力以赴，对吗？嗯，事实上，这发出一个信号，你对完成工作非常恐慌。或者是，你不够有才干，没有办法高效地、有效地完成工作。与之相反，时不时地花上15分钟去冷水器那里，伸伸腿，走走路。这不仅会让你的头脑状态更好，而且，如果你像我一样，从一个工作中走开一会儿，花几分钟补充一下能量，有时针对问题最好的一些解决方案会突然冒出来。为了后面的工作花一些时间让自己振奋一下，这也会给其他人发出信号，你能够掌控你的工作和你的个人品牌。

个人品牌破坏物——反应

1. 将自己和局面太当一回事儿。当我营销资历还相对较浅的时候，我负责管理宝洁在波兰的4个洗衣粉品牌。公司当时有一个年度的（通常是可怕的）活动，叫作"预算季"，在这期间，在下一个年度品牌营销上要花掉的几百万美元中，每个团队花每一分钱都要申请，并且证明花这个钱是有理由的。尽管这是一个很好的学习经历，但是这在我们日常10小时的工作日中又加上不少工作，因此，预算季通常意味着在一段长时间内令人精疲力竭的工作。

我记得有那么一个周二晚上预算季最后的会议正在逼近——只剩2.5天了。那是晚上8点30，我的品牌团队和我刚刚结束了与总监进行的会议。总监在会上对于我们的计划提出几点建议，这意味着要做许多许多个小时的工作。我们早上7点已经在工作了，我们很清楚，那天晚上至少还有3到4个小时的工作。每个人都精疲力竭，饥饿，我们都烦躁不安。

我们进入各自的办公室时，每个人都听到电脑发出那个熟悉的"你有邮件了"的声音。每个人都匆匆看了一眼，看到总监发来的电子邮件。邮件的主题——全部用大写字母写出——"紧急提醒"。我们的心都凉了。我们刚刚离开他的办公室，要做更多的工作，他到底还想要求我们做什么呢？

我带着恐惧打开了电子邮件，发现里面只有5个字，我永生难忘：

这只是肥皂。

当然，总监说得对！他很温和地提醒我们，我们把这个太当回事儿了。不管我们做什么，这只是肥皂。没有人会因为搞砸的预算季而丢一只胳膊或者无家可归。

到今天为止，当我在一个局面中焦躁不安时，我会停下来提醒自己："这只是肥皂！"是不是把自己或者把这个局面太当回事儿了？记住：一点儿笑声和玩笑对于建立你想要的个人品牌会很有帮助。

2. **不懂装懂。**我们最大的恐惧之一是看起来愚蠢，不是吗？我们害怕看起来好傻，因此我们不问问题。但是我认为真相是：不问问题很愚蠢！不问问题没有多少好处，却有很多坏处。

比如说，让你完成一项任务，但是你不确定目标是什么，因为害怕看起来愚蠢，你没有要求澄清。那么这会让你怎么样呢？你可能最终什么都没有做，因为你不知道如何去做，或者你最终做出不正确的行动，因为你害怕问，要做得正确需要做什么。

因为你缺少必要的信息，你就浪费时间在错误的事情上。因为你没有要求澄清，你很有可能最后错过了截止日期。因此，就是这样了——总之，因为不理解要求而暴露了！最后，不问问题有可能让你比一开始就问问题看起来更傻。这传播出了什么样的个人品牌信息？

就个人来讲，我喜欢与要求澄清的人一起工作。这会让我知道他们想第一次做就做对。他们会一直不停地问问题，直到完全理解了。那么，谁会认为那样是愚蠢的呢？

3. **为了工作不停地放弃先前已经制定好的个人计划。**丹尼斯是一个广告管理人员，非常热爱自己的工作，恨不得立刻搬到公司里去住。她早上在老板来之前就到了办公室，晚上很晚才离开。就连在办公室外，同事聚会庆祝一名同仁的提升时，她还在工作，她认为这样能在能够给她提升机会的人的眼里看起来更好。但是，她的策略却适得其反，结果是，她没有预料到老板单独给她开了一对一的会，对于她的"工作狂"的状况表示担忧，询问她是否一切都好。他不知道是否她的婚姻出了问题，鼓励她多与家人在一起。开完会后，丹尼斯感到非常尴尬，这给她在工作/生活平衡方面狠狠地上了一课。

有时，将工作放在第一位，取消个人计划是可以的。毕竟，这会显示出你专心于你的受众/你的工作/你的公司/你的客户，表示你愿意多花些努力把工作做好。但是如果你这样做太频繁了，这会看起来你很贫乏——或者更糟糕，那就是你没有控制力。这看起来似乎你很不顾一切，在办公室以外没有生活。人们更愿意和那些能够保持平衡、保持满意的个人生活的人一起工作。这也有助于打造一个更为有趣的个人品牌！

因此，当有工作时，不要老是对在周末或者晚上工作说"好的"。在合适的时候，表示出礼貌，讲清楚你之前已经有其他计划了。当然，还要保证工作能够完成，如果有可能的话，找到其他方法来满足你受众的需求。

4. 在你不能完成指定的任务时，"委托给后援"。在我事业初期的时候，我有一个苛刻的老板教会了我很重要的一课。他要求我找出我们每周如何能够自动跟踪营销结果的方法。这还是刚有电脑不久的时候，所以很显然这个任务是个挑战。

起初，我对自动化的概念非常兴奋，所以我就钻研进去了。但是，我不停地遇到一个又一个障碍物（那个时候，还没有什么好的软件！）直到我得出一个结论，这完全是不可能的。我回到我老板的办公室里去，清楚地解释为什么自动化不能实现的所有原因。

我说完后，他安静地坐在那里，盯着我看，我感觉过了永远那么长的时间，然后他说："我想你没有理解我让你做的事情。我没让你告诉我这是不可能的。我让你告诉我这如何是可能的。不要把你的问题带给我。把答案带给我。那才是我付钱让你做的事情。"

哎哟！这有点儿刺耳，但是他是对的。在本质上，我又把这个问题委托给他了。我没有给他提出可能的解决方案，我只是把这些挑战砰地一声又放回他的桌子上了。即使我没有看到很多现成的解决方案，我的工作是至少要给他提出一些可选项。正如他所指出的，我得到工资并不是要彻底想清楚挑战是什么，并给出建议。那是很好的个人品牌建设者做的事情。多么好的一课啊！

如果你遇到了相似的情形，即使你没有办法确切地做到别人对你的要求，想想一些可以探索的选择。你会被看作是有价值的、创新的人。在任何一个情形下，这都是一个很棒的个人品牌。

个人品牌破坏物——外观

1. 低估了恰当的眼神交流的影响。对于西方人来讲，直接的眼神交流是至关重要的。这在很大程度上展现了你的诚实和自信程度。看看电视采访者如何很好地变化眼神交流。他们在这方面很擅长，你能够通过观察他们学到很多。当然，要试图避免那种吓人的"向下盯着看"，这会和避免对视一样让人不舒服。盯着别人看会给人感觉是，你想主宰他们，而向下看会让人觉得自尊低下或者紧张。

好的个人品牌建设者会确保他们的眼神交流随着情景语境进行调整。

比如，在亚洲和世界上一些特定的区域里，直接看年龄较长或者地位较高的人的眼睛会被认为是粗鲁和失礼的。有一次，一个泰国和尚为一家新工厂主持祈福的时候演讲，我直接看他的眼睛。他之后告诉我说，我在泰国的这一次交往是"违规的"。所以，搞清楚与眼神交流相关的文化偏见是比较好的。

2. 特定场合穿错衣服。衣服选得很糟糕——穿得不够正式或者过于正式都会使每个人觉得不舒服，削弱你的个人品牌。

在参加任何与工作相关的活动之前，提前找到正确的着装要求。你会很高兴你那么做了的……你的个人品牌也是！

正确地穿衣同样意味着为你想要的个人品牌形象穿衣，不是你现有的个人品牌形象。另外，好的个人品牌建设者也会警惕他们的衣服太过张扬。只有那些在创意领域工作的人，他们的个人品牌特点是有意地标新立异，他们才会穿上不寻常或者花哨的衣服。如果你的个人品牌是那样的话，就这么做吧！但是对于我们多数人来讲，职业性的服装是在工作中能够最好地传播我们个人品牌的衣服。如果你想要不冒风险地展现你的创造性，可以在配饰上做些文章，保持职业性的外观，同时有一个精妙的、创新的地方。

3. 认为"外观"只是你个人和你的办公室。你的外观不仅只是你的衣服、你的身体、你的脸、你的办公室。它扩展到你对其外观负责的所有场所。

让我来用一个个人故事来解释这一点。记得有一次，我和当时工作的跨国公司的运营副总裁一起去停车场。记住，这个男人收入达6位数，在行政大楼里有一个完美无瑕的、巨大的办公室，有两名私人秘书。他的聪明令人难以置信，我那个时候对他充满敬畏。我没想到被要求和我老板的老板，还有这名副总去生产工厂参加一个重要会议。他的车最大，所以他主动提出驾车带我们去。我幻想那是一辆奢侈的、闪闪发光的汽车，与他华丽的办公室交相辉映，我窃窃地期待着看到那辆车。

与之相反，我对他的印象像泡沫一样破碎了，我永远不会忘记那段经历。在他车的后座上——长长的、白色的狗毛在褪了色的蓝色车内充斥着——空瓶子和垃圾在地上和座位上到处都是。仪表板上还有打开的书（他在开车的时候还读书吗？），还有一个坏掉的遮阳板耷拉在前排乘客的脸上。在那一时刻，我对这位副总的个人品牌的感知、看法和感受颠覆

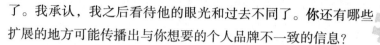

了。我承认，我之后看待他的眼光和过去不同了。**你还有哪些扩展的地方可能传播出与你想要的个人品牌不一致的信息？**

4. 忽视口气和体味在你"外观"中的重要性。一个叫丹尼斯的年轻男子，大学毕业后的第一份工作在我这里做的，他也真的非常想成功。他非常聪明，也很有能力。他总是有好的点子，充满活力，对于工作非常有热情。他每天非常努力，工作很长时间，我非常高兴成为他的直接上级。

丹尼斯的问题就是他有体味。非常糟糕的味道。他在某些日子里，和其他人在会议室里开会的时候，他闻起来非常讨厌，以至于其他人找借口把会议缩短。没有人能受得了那个味道。

有一天，这个问题达到了一个极端，我的老板对我说："我以后不会再参加丹尼斯到场的会了。我受不了的，如果他学不会恰当地洗澡的话，我们就不得不考虑他在这个公司的未来了。找个办法解决这个问题。"

你想象不到我有多害怕找丹尼斯谈这个问题！这是一个非常敏感的话题，我不想让丹尼斯尴尬或者对自己失去自信。但是我也想让他在公司里成功，我觉得他有一个光明的未来，所以不久之后我就和他开了会。

我开始和丹尼斯谈到这个主题的时候，我发现丹尼斯每天早上都去游泳池游泳，之后立刻洗个淋浴。因此，他实际上是非常干净的。但是，他在游泳和淋浴之后，他每天都会穿上同样的衣服。这是因为他还没有足够的钱买更多的西装。他的那些西装必须要干洗，他付不起钱来定期做这个事情。

我提醒丹尼斯他的职业不仅仅是他看起来的样子，还包括其他的"感官"感受。

我们同意他可以寻求一个小额贷款——足够买2—3套西装和几件衬衫。结果，体味的问题消失了。前不久，我非常高兴地发现丹尼斯的事业做得非常不错，他在同一家公司已经晋升到高层。如果丹尼斯当时没有意识到"外观"不仅只眼睛看到的东西，故事的结局可能会非常不同。

因此，个人品牌的建设者从不低估味道的力量。在你知道当天有与其他人近距离的会议时，避免吃大蒜和味重的辛辣食物。如果你抽烟，要掩盖这个味道。但是，要小心不要走到另外的极端。要避免使用太多的古龙水、香水或者须后水。重要的是：不要忘了你想要通过受众的鼻孔向他们传递什么样的信息！

个人品牌破坏物——声音

1. 忽视沉默作为强大的声音的重要意义。毫无疑问，你肯定认识些感觉自己必须得不停地说些什么也不管是什么的人。一旦有一会儿安静的时刻，他们必须要打断你，然后说话——即使是说一些不重要的话。他们觉得沉默让他们感觉不舒服。但是他们真的不应该这样。相信专家的做法吧：有没有意识到公共演讲者使用沉默来说明他们的观点，那有多么有效？片刻的沉默会非常有力。

安德烈·科斯特拉尼茨是20世纪著名的俄罗斯指挥家，他曾经说过："所有声音中最伟大的声音之一——对于我来讲那是一种声音——是完全、彻底的沉默。"想想吧。音乐中如果没有休止符，就没有节奏。因此，在音乐中真实的事情在我们工作中的沟通上也是真实的。有的时候，坐在那里听（或者安静地进行思考）是你能发出的最好的声音。这展现了信心、智慧、耐心和反思。什么都不说在个人品牌传播上也不错！

2. 感觉在沉默中需要说"嗯"。偶尔，人们在感觉沉默不舒服的时候，他们会在空格上填上"嗯"。我最近看了一个电视节目，是关于一部电影是如何制作出来的，女主演明星接受了采访。在表演的时候，这个女演员给人的印象是口才不错，有能力，能控制局面，但是在采访中——作为她真实的自己来说话——每5个词左右她就要说一个"嗯"。我对她自信和镇定的印象变成了缺乏信心和表达不清。于是这就提醒了我上文提到的1号声音破坏物：如果她什么都不说会比一直重复"嗯"要好。

我想，多数人说"嗯"是因为他们不确定他们想要说什么，感觉必须要说些什么来填满安静的时刻。或者他们想要保持发言，但是不知道下面要讲什么。但是，"嗯"真的不能在对话中加入任何东西，不是吗？

可能你不确定自己在说话时是否讲了"嗯"？在你做演讲或者讲解的时候把自己的声音录下来。数数你说了多少个"嗯"，然后记录下你说"嗯"的理由。你可能会发现自己不能停止说"嗯"的模式是什么样的。你什么时候会说"嗯"，在这些时刻里，你的思想中发生了什么？你也可以在讲话的时候让你的朋友或同事数数你说了多少个"嗯"。你可以建立一个"嗯基金"，每一次说嗯时，就把一枚硬币投入罐子里。这会帮助你意识到你说"嗯"，在说之前就意识到要管住自己的嘴。自信的个人品牌建设者在想下面要说什么的时候，会用沉默代替"嗯"。

3. 不在你受到邀请的会议上发言。当然，另外一个极端是，根本不在你受到邀请参加的会议上贡献出想法。你不想没完没了地说话，或者反复说"嗯"，你也不应该完全沉默，这会——有讽刺意味地——传递出响亮的个人品牌信息。简而言之，这说明了你没有什么可以贡献出来的。因此，你所保持的声音上的平衡就是看别人对你的声音有什么要求。

我知道你可能会想："是的，但是难道不是保持沉默让大家认为你是傻瓜，比开口说话让大家确定你是个傻瓜更好？"

我不这么认为。如果你受到邀请参加一个会议，你拿的钱就是让你贡献于会议的成功的。如果你有要说的话，就说出来。这不仅是一个很好的机会分享你的想法，也是你理应做的事情！

如果你真的在会议上没有什么可说的，你也知道这一点，要问问自己去参加这个会议对个人品牌有什么好处。如果你还是觉得你必须要参加这个会议，坐在后排，不要坐到主桌上去，告诉会议的组织者你只是来旁听的。记住，如果你决定坐在主桌，人们就会期望你参与。

4. 不直接回答问你的问题。这是有一点跟你说什么话有关系的事情，但是这也可能是重要的声音个人品牌破坏物。很好的个人品牌建设者回答直接的问题的方式……嗯，是直接的！一个直接的问题只有一个答案。举个例子，比如，你的受众正在权衡你的咨询公司准备推出的、你的广告公司为了新服务所开发的两个不同的活动。她直接地问你："这两个活动你更喜欢哪个？"你没有直接回答，而是说："嗯，我觉得1号活动会更可见，更引人注目，但是我想2号活动实际上可能更符合我们的策略。另外一方面看，2号活动没有那么令人兴奋。所以，我想这两个活动各有利弊吧。"

你回答了这个问题吗？没有！以上所说的那个直接的问题所有可能的答案是什么？要么就是（a）"1号活动"，或者（b）"2号活动"……或者可能是（c）"都不！"不管你选择哪一个答案，关键是要首先回答问题。有一个看法并且说出来。然后，也只有那时，如果有必要的话，解释你的选择。记住：付钱给你是让你给出意见的。在说出意见时，不要犹豫，直接地说，就像好的个人品牌建设者那样。

个人品牌破坏物——思想

1. 认为自己是工作场合的牺牲品。是什么将乐观向上、成功的人与不是这样的人区分开来呢？我认为是他们选择如何解读生活中发生的事情。正如温斯顿·丘吉尔所说："悲观主义者在每个机会中看到难题；乐观主义者在每个难题中看到机会。"

如果你一直相信在工作中的人们"找机会整你"，你会一直害怕，在事业上痛苦。如果你决定将生活和工作看作一个探险，对于接下来要发生的事感到兴奋，你肯定会更幸福、更快乐，最终，更为平和。事情就是这样的。我可以诚实地说，在我身上发生的一切负面的事情最终都教会了我很多东西。走过困难的处境是有趣的。正如作家丹尼斯·维特利所说："没有错误或者失败，只有教训。"

我们可以选择把我们自己看作受害者，或者我们可以认为每一个情形都是提高自我的机会。聪明的个人品牌建设者选择后者！

事实上，最幸福的人是那些认为根本就没有负面经历这回事儿的人——只有成长、学习和在自我主宰的道路上前进的机会。不论什么时候，那些一般被认为是"坏的"事情发生在我的身上时，我都会坐下来，问自己："这里面有什么好的启示？"这可能需要花一些时间，但是最终，好的事情的确会发生。

这里有一个我自己的例子。在美国工作了几年之后，我达到了一种状态，想要在海外工作。我与我的公司说了几次，这是我所希望的，最终——在一个周一的一大早——我得到了消息："你要搬到布拉格去了！"我一阵狂喜！我把能找到的所有关于捷克共和国的书都买了，把所有的都读了。布拉格是多么棒的一个城市啊！每一本书都说布拉格是中东欧最棒的旅游胜地。我太兴奋了。

但是，接下来的周一早上，我被叫进老板的办公室并被告知："计划变了，你改去波兰的华沙了。"我不是有意冒犯华沙，但是从我看到的照片而言，它看起来和布拉格不一样！我那个时候崩溃了——毕竟，整整一周，我的心都放在布拉格上。我把它看作是一个巨大的打击。

因此，说句实话，我勉强地搬去了波兰。我现在再回过头去看当时的那个决定，我会嘲笑自己，因为那是我一生中做过的最好的决定之一。你看，我在柏林墙倒掉不久就搬去了波兰，波兰很快成了中东欧商业发展的中心——该地区增速最快的经济体。我刚到时，公司只有50人，等5年后我离开时，公司已经增加到1000人了。我能在一个充满活力的市场环境中推出许多品牌，让其成长。这是在更小的、不那么以发展为导向的国家中无法体验的。总的来说，这是我的事业和个人发展很棒的一段时间……我甚至在那里遇见了我丈夫并和他结婚，而那时我们都是住在波兰的外籍雇员！这只是要告诉你，看起来是"坏"的东西可能最终变成比好更好的东西。以我的经验，通常都是这样的。

我鼓励来找我指导的客户不要去想一个事情是负面的还是正面的。我让他们来客观地看待这个情形，最终为他们获得的成长庆贺。事实上，现在，花点儿时间来想想你获得最大的成长的那些时光。我猜那是你当时认为是"坏事"的时候。如果你习惯于把你的生活和事业看成一场冒险，而不是"接下来什么要伤害我"，你就不会再担心，会享受自我，期望着有最好可能的结果。如果你这样做了，你会惊讶于自己观点的改变。你想要传播的个人品牌也会向好的方向改变。

2. 因为害怕失败而不接受任务。你拒绝机会——一个有挑战的任务或者一份好的新工作——因为你害怕你会失败吗？正如我在思想那一章里所说过的，如果你认为你会失败，你很可能会的。你如何战胜你内心中的那个声音："你最好不要尝试那个。如果你失败了，你也回不到现在的地方了！"

好的个人品牌建设者首先花些时间来理解恐惧的来源。通常，恐惧来自感觉项目是一个巨大的毛茸茸的目标。我们看到我们自己在山脚下，目标清——楚——地在山顶上。它看似不能超越。但是如果我们改变视角，每一次进行一小步，这个巨大的任务突然间可做了。

我们来考虑一个刚刚获得奥林匹克举办权的城市。多数成功的奥林匹克管理团队是如何做的呢？他们开始着手得早（他们知道自己的截止日期），定下了鼓舞人心的愿景和目标。他们了解有预算的限制，对于特定的里程碑有清晰的时间表，着手他们所需要的所有步骤来达到终点，将所有所需要的资源落实到位来获得成功。

你也可以做到这一点。下次你的受众让你承担一个看似巨大的任务时，承担起来！把它切成小部分，然后制定一个计划，每天解决一小部分。你会学习，你会成长，你会最终达到山顶。山上的景色一定很好！

3. 害怕反馈——包括给予和得到。反馈是你能收到或者给予的最好的礼物之一。那么，为什么那么多人恨它呢？好的个人品牌建设者知道，除非他们能收到反馈，否则就没有办法发展个人品牌。你应该定期寻求反馈，以便在传播个人品牌方面能够做出调整。寻求反馈会让别人觉得你是一个专业人士，你想要提高，你对事业很有信心。只是简单的做出寻求反馈这个活动就能发出这个强有力的宣言！

谁不会因此而尊重你呢？你不需要在此花很多精力。在讲解后或者项目结束后，简单说一下："我想要你们对于我们现在做得怎么样给出自己的想法。请告诉我你是怎么想的。"

反之，学会给出有意义的反馈同样重要，特别是你想要成为工作中的领导时。你可以帮助他人提高，给予他们变得优秀所需要的鼓励。这个技能能够提升任何个人品牌。

4. 认为"如果不是100%完美，就是没有做完"。这是完美主义者的标志。完美主义者常想或说的另外一句话就是："没有人能做得像我一样好。"你发现自己在想这些话吗？如果是这样，你可能做工作时要比正常情况下多花20%的力气。

你听说过那个古老的80—20规则，对吗？"如果80%已经做完，那已经足够好了——可以认为它已经完成。"这10次有9次是真的。那些不相信这个的人——那些死抠那剩余的20%的完美主义者——试图转动着轮子，想要把那最后一点点完成，从长远来看却没有任何显著的不同。同时，在他们比较集中的人，的确坚持80—20规则的人，完成了他们原来的项目，接下来去做另外一个。他们的成就更多，在管理层和客户那里投射了一个更多产和更有效的形象。

诚实面对自己——那额外的20%真的会产生不同吗？我感觉到你在那里扭动了。好的，好的，如果你不能在80%停下来，目标是只做90%，剩下10%。你一旦看到有10%没有完成，天不会塌下来时，你就能只做80%感到舒服了。正如著名的精神病学家戴维·伯恩斯医生所说："目标是成功，而不是完美。"这会使你的生活——和你感受到的个人品牌——要好得多。

那么，你想要爆掉什么个人品牌破坏物呢？下文有一个小测验，帮助你更好地理解你如何经常会遇到的20个最常见的个人品牌破坏物。如果你认为自己有50%以下的时间会碰到特定的某个个人品牌破坏物，标注"不"。

在测验的末尾是为你的回答计分的答案。你做完以后，会清楚地知道你需要做多少工作避免破坏你的个人品牌。但是，即使你的分数有一点令人失望，振作起来。正如作家威克泽克所说："如果你不犯错误，是你处理的问题不够难。而那是一个大错误。"

不管你的分数是多少，有了这本书，你就有了一个路线图让你的个人品牌处于良好的状态。不要沉迷于过去。想一想从这一时刻开始，你要做些什么，让一切变得更好。在每一个破坏物之后，都有一些空间，让你记下你要采取的行动的步骤，来真正爆掉某个特定的破坏物。你要做些什么来确保你不会再次遇到这个破坏物呢？

你准备好进行测验了吗？记住——要诚实！

"不，杰夫，请求允许是一个大的个人品牌破坏物！"

你偶尔会犯个人品牌破坏物中的这些问题吗?

行动

是的　不是　　　　　　　　　　　　　　　　　　行动步骤

☐ ☐ 1. 进行不适当的握手。
☐ ☐ 2. 在你的职责范围内，请求他人允许来作出决定。
☐ ☐ 3. 在处理困难的问题之前，先做不太重要的、简单的任务。
☐ ☐ 4. 连续不停、不休息地工作。

反应

是的　不是　　　　　　　　　　　　　　　　　　行动步骤

☐ ☐ 5. 将自己和局面太当一回事儿。
☐ ☐ 6. 不懂装懂。
☐ ☐ 7. 为了工作不停地放弃先前已经制定好的个人计划。
☐ ☐ 8. 在你不能完成指定的任务时，"委托给后援"。

外观

是的　不是　　　　　　　　　　　　　　　　　　行动步骤

☐ ☐ 9. 低估了恰当的眼神交流的影响。
☐ ☐ 10. 特定场合穿错衣服。
☐ ☐ 11. 认为"外观"只是你个人和你的办公室。
☐ ☐ 12. 忽视口气和体味在你"外观"中的重要性。

声音

是的　不是　　　　　　　　　　　　　　　　　　行动步骤

☐ ☐ 13. 忽视沉默作为强大的声音的重要意义。
☐ ☐ 14. 感觉在沉默中需要说"嗯"。
☐ ☐ 15. 不在你受到邀请的会议上发言。
☐ ☐ 16. 不直接回答问你的问题。

思想

是的　不是　　　　　　　　　　　　　　　　　　行动步骤

☐ ☐ 17. 认为自己是工作场合的牺牲品。
☐ ☐ 18. 因为害怕失败而不接受任务。
☐ ☐ 19. 害怕反馈——包括给予和得到。
☐ ☐ 20. 认为"如果不是100%完美，就是没有做完"。

为你的个人品牌破坏物测验打分

现在，是时候来检查一下你的分数了。数出你有几次回答"是"，将你最终的分数和个人品牌破坏物计分卡进行对比：

如果你给出"是"这个答案的次数是：

0到5 干得好！你显然是一个强大的个人品牌建设者。继续保持，直到你"是"的回答是零次。

6到10 选择一个你认为能在个人品牌形象上做出最大改变的方面，建立一个计划，在未来几个月改变这些行为。确保你有可以测量的目标，以确定你在何种程度上达到了这些目标。

11到20 好消息是：你已经发现了一些机会来强化你的个人品牌。找出3到4个行动来帮助你在未来6个月进行提高。然后，在你努力改变个人品牌形象时，找到导师或者教练在这个过程中给你反馈和鼓励。改变你的个人品牌形象永远不会太晚。为你迈出的第一步喝彩吧！

那么，你觉得怎么样？不管你在这个测验中得到多少分，我向你脱帽致敬，因为你已经为实现你想要的个人品牌做了许多工作。现在，我们来确保你采取了必要的步骤来保证你长期很成功地建立你想要的个人品牌。没有必要让机会决定一切！

"我们在询问对于你的领带的反馈。"

打造个人品牌的权威路径

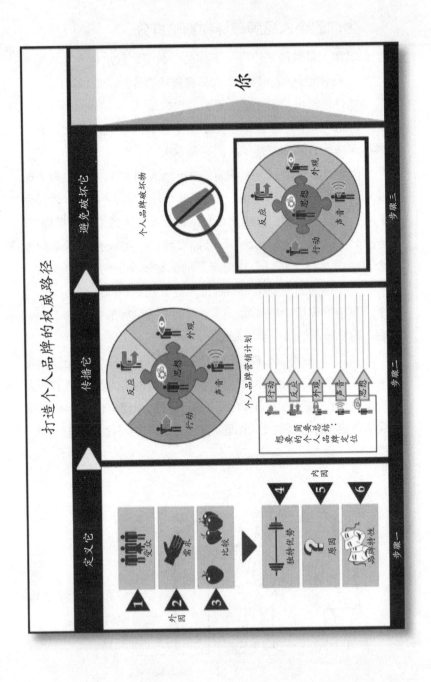

定义它   ▲   **传播它**   ▲   **避免破坏它**

你

步骤一   **步骤二**   **步骤三**

1   接受欢
2   需求
3   比较

外因

4   独特优势
5   原因
6   品牌特性

内因

想要简要总结：个人品牌营销计划
个人品牌定位

行动   反应   外观   声音   思想

外观
声音
行动
思想
反应

个人品牌营销计划

个人品牌破坏物

外观
声音
行动
思想
反应

20

确保长期成功

我认为，没有哪一种品质像坚持不懈一样对成功
至关重要。它能克服几乎一切，甚至天性。

——美国工业家和慈善家约翰·D.洛克菲勒

我们在即将接近这个旅程的尾声时，反思一下，你在发展
自己的、独特的叫作**你**的个人品牌时，已经走了多远。这是个
不错的主意。我们一起使用了这个创新的个人品牌系统帮助你
发现了你的个人品牌。我们已经：

√　看看什么是个人品牌，它对你的工作和你的事业、你
的薪水、提升的机会、认可度等等，有什么影响。

√　定义了组成你个人品牌的6个核心要素——受众、需
求、比较、独特优势、原因和品牌特性——我们把这些要素放
到一起，创造了你与众不同的、独特的个人品牌定位报表。

√　探讨了如何通过你每天所做的、最能影响你的个人品
牌的5个活动来传播你想要的个人品牌：你的行动、反应、外
观、声音和思想。

√　开发了**你**特定的个人品牌营销计划，规划出你要有什
么样特定的行动、反应、外观、声音和思想来保证弥补你现有
的个人品牌和想要的个人品牌之间的差距。这个营销计划能够
帮助你精确地、一致地传播你想要的**你**。

√ 回顾如何避免破坏你的个人品牌，注意几个主要的个人品牌破坏物——包括我们测验中常见的，以及你自己列表上特有的。

一路走来，你问了自己与其他人一些刁钻的问题。你有机会从客观的角度看待你现有的个人品牌。你能够勾勒你想要的未来和你想要的个人品牌的愿景。重要的是，你已经成为了很棒的个人品牌建设者，努力从受众的视角来建立你的个人品牌。干得好！

当然，就像任何一个有强大的策略的好的营销者一样，光有几个计划是不够的。你必须要贯彻到底，一直坚持着这个计划，日复一日。

使成功尽在股掌

那么，你如何确保在你铺向想要的个人品牌的这条道路上——用美好的心愿铺设的——你不会进入一个死胡同呢？这里有几个建议能让你保持在正轨上：

● 对于你能够从现有的个人品牌到想要的个人品牌要有信心。在一项华盛顿大学所做的研究中，研究者发现，对自己更有自信的参与者更有可能保持他们的新年决心。他们相信他们能够达到目标，于是就达到了！

● 认识到实现你想要的个人品牌是一个过程，不是一蹴而就的。你在努力建立新的习惯，采用新的行为，所以要坚持，要有耐心。如果你犯了一到两个错误，不要自责。还是那个华盛顿大学的研究，其中只有40%的人第一次尝试就成功地实现了他们最高的新年决心。其他人都做了多次尝试。其中17%的人在6次尝试之后最终成功了。坚持会得到好结果。从错误中学习，避免白费力气，尽可能快地再次聚焦。

● 忠实于你想要的个人品牌的愿景。开发一个可视的象征来代表你想要的个人品牌形象。把它放在离你近的地方作为提醒。你可以把它放在你的口袋中或者钱包中，这样，你每次去伸手拿硬币的时候，都能看到它，感受到它。每次想起这个象征的时候，你就记起了你想要的个人品牌目标。

● 每周做的第一个事情，就是为接下来的一周设定特定的、可测量的个人品牌目标——特定的行动、反应、外观、声音和思想的目标——让你离整体实现想要的个人品牌更进一步。在一周末尾因为达到目标犒劳自己。

● 你是否因为个人品牌营销计划要在许多活动中做出改变感到不知所措？如果是那样的话，慢慢来。这个月，只关注你营销计划中的1到2个部分。哪一个或者两个活动可以带来最大的改变？从那里开始。你准备好了以后，你就可以在之后再关注额外的活动。

● 当你面对一个艰难的挑战，使你的反应和你想要的个人品牌不一致的时候，回顾你的应对策略的列表。提醒自己"大局"，从局面中的细节中爬出来，试着客观地看待发生的事情。想像你在空中35000英尺，用的是鸟瞰的视角。

● 找到工作中值得信赖的伙伴，成为你的个人品牌密友。你们可以互相帮助，让各自的个人品牌营销计划保持在正轨。如果你找不到密友，就雇一个教练，或者找一名导师，让你为你的目标负责。

● 记录下你的进步。监视自己，记录下你的成功，定期为了达到目标犒劳自己！

你如何知道你什么时候达到了你想要的个人品牌呢？

正如好的营销者一样，你达到了想要的个人品牌时，你的受众会告诉你的！记住：你的个人品牌是相比于他人，你的受众对你的感知、看法和感受。因此，最终的目标就是让你的受众对你的感知、看法和感受就像你所定义的**你**一样。这就意味着，你需要一次又一次地核对，这样，你就知道了你的受众什么时候对**你**的感知、看法和感受是你希望的那样。

你如何做到这一点？回顾我们前几章所勾勒的个人品牌定位初始的6个元素。回顾关键问题以便问你自己和你的受众来确定你做得如何。比如：

受众和需求。这个不一定会变，但是仔细核查一下总是好的——特别是需求——确保受众没有新的需求出现。

比较。是否有新的人或选择进入你的比较集中？

独特优势。你是否展现了独特优势，你的受众注意到它们了吗？

原因。你的受众认可你的原因是你能够发挥独特优势的合理原因吗？

个人品牌特性。你想要的个人品牌特性是否得到了展现，你的受众对你的感知、看法和感受也是这样的吗？

为自己设立里程碑，保持自律每6周……每3个月……每6个月与你的受众进行核对。**你做得怎么样？**

发展你的个人品牌

作为人类，我们不是静止的，我们也没有打算要这样做。随着时间的推移，你的个人品牌会发展和进化，就像企业品牌发展一样。记得什么时候苹果只代表麦金塔电脑吗？现在，苹果代表得更多，更多。它的品牌在过去几年获得相当程度的发展，现在是一个积极的品牌发展者。可能你也记得像柯达这样的品牌，它一直坚持在胶片上，花了太长的时间来回应日益增长的数码相机趋势。这就是一个没有按照需要的速度发展的品牌。

就好像这些企业品牌一样，你发展自己的个人品牌必须按照你周围发生的改变进行。注意你的个人品牌元素可能需要如何改变，以及这些改变如何影响你的个人品牌的发展和进步：

● 可能你换了工作，或者你的老板换掉了，或者你决定接纳一种新的类型的内部顾客。所有这些事件都会影响你个人品牌的受众部分。

● 如果你的受众改变了，你必须重新定义新的受众的需求。有的时候，你的受众本身没有改变，但是环境导致了你现有的受众需求改变了。这就意味着你必须修改你的个人品牌来回应这些新的需求。永远不要忘了你的受众的需求对于定义**你**来说多么至关重要！

● 你的公司是否开始外包了你的一部分工作，或者有没有新雇用的员工影响了你的比较集？注意这些改变会对你的个人品牌产生哪些影响。

● 随着你发展独特优势，还有什么额外的机会在向你招手？你的新的独特优势如何使你获得晋升或者获得更大的责任？要意识到这些可能性，并利用它们。

● 随着你加强你的原因，再次留意可能展现在你面前的新机会。别忘了留意你的比较集中新加入的人的原因。你之前定义的原因还足够强吗，或者你工作环境中出现的新改变是否要求你有更强的原因？

● 你忠实于你想要的个人品牌特性吗？特别是，一个人的特性不会改变特别多——通常只有一些纪念碑式的情况会引起生活中有实质性的改变。你身上有没有发生这样的事情，以至于影响他人对你品牌特性的感知？如果是这样的话，这对你的总体个人品牌有什么影响？

我对你的个人笔记

很高兴和你一起乘车行驶在通往你的个人品牌——**你**的道路上。我很愿意收到你的来信，听你诉说在炮制个人品牌定位报表和将个人品牌营销计划付诸行动中，个人品牌的成功、挑战和问题。请给我们发电子邮件：Comments@HowYouAreLikeShampoo.com。我们非常愿意知道到你的个人品牌发展得如何！

另外，当你在这条路上前进时，你可以查看我们网上的辅导模块。请访问www.HowYouAreLikeShampoo.com 网站获得更多信息。

祝贺你通过学习在工作中打造和传播你的个人品牌，掌控你事业上的成功。祝你打造**你**的品牌快乐！祝你一生实现自我，获得巨大成就！

我是我。

在全世界中，没有任何一个人和我一模一样。从我这里产生出的任何东西都是真实的我，因为这是我自己选择的。我拥有我自己的一切：我的身体——我的感觉——我的嘴——我的声音，以及我所有的行动，在别人看来和在我看来都是这样的。

我拥有我的幻想、我的梦想、我的希望、我的恐惧。我拥有我所有的胜利和成功，我所有的失败和错误。我知道我有一些方面令我迷惑，但是只要我对自己友好，爱着我自己，我就能有勇气地、有希望地为让我感到迷惑的事情寻找答案，也会找到方法来更多地发现我自己。

不管我的外观和声音是什么样的，不管我说什么、做什么，不管我在特定的一个时刻有什么想法和感受，这就是我。我过后回顾我的声音是什么样的，我说什么、做什么，我有什么想法，有什么感受，有一些部分可能是不恰当的。我可以丢掉不恰当的部分，为我丢弃的东西发明一些新的东西。我可以看、听、感觉、想、说和做。

我拥有我，因此，我可以设计我。

——美国作家和心理治疗医师维琴尼亚·萨提亚

1916—1988

（经许可从《萨提亚模式》中翻印）

推荐书目

Creating Brand Loyalty by Richard D. Czerniawski & Michael W. Maloney

The Art of Listening by Erich Fromm

I Know What You're Thinking: Using the Four Codes of Reading People to Improve Your Life by Lillian Glass, Ph.D.

Now, Discover Your Strengths by Marcus Buckingham & Donald O. Clifton, Ph.D.

The Definitive Book of Body Language by Barbara Pease and Allan Pease

The Monk Who Sold His Ferrari by Robin S. Sharma

A Course in Miracles by Foundation for Inner Peace

作者简介

布伦达·S.本斯是品牌发展国际伙伴（BDA）国际公司的总裁和创始人。该公司致力于帮助全世界的公司和个人客户建立成功的、以发展为导向的企业和个人品牌。作为国际演讲者、培训师、教练和顾问，她与全世界几百名管理人员、经理和企业家合作，帮助他们定义和传播他们企业的和个人品牌。布伦达每年50%以上的时间出差到全球的大会、讨论会和企业中去，展现她打造品牌的独特方式。

布伦达获得哈佛商学院的工商管理学硕士，事业开始时是在宝洁做营销人员，最初是在宝洁的美国总部，然后在宝洁欧洲和宝洁亚洲。后来，布伦达在美赞臣的百时美施贵宝的客户服务部做国际营销副总裁，那时她负责多个品牌在50多个国家的营销。

在她25年的事业生涯中，她帮助管理了许多著名的品牌，包括潘婷、维达沙宣洗护产品、海飞丝、美赞臣、维他朱奶以及碧浪和奇尔洗涤剂，等等。

布伦达获得内布拉斯加·卫斯理大学的法学荣誉博士学位，以及英语和法语的文学学士学位。她往返于泰国和美国两地的家，参与一些上市和非上市公司以及非营利组织的董事会。布伦达是美国演讲家协会（NSA）、职业演讲者国际联盟（IFFPS）以及亚洲职业演讲家协会（APS）的成员。布伦达是结果指导系统的认证教练，也是国际引导者协会的成员。

在走遍全世界展示她独特的个人品牌系统后，布伦达很高兴这个方法能够以书的形式出版，这样更多的人可以在他们的事业中使用这些权威的原则来获得更大的实现和成功。

全球营销

BBBrown

致谢

> 写作没有什么特别的。你要做的事情就是坐在打字机前，打开一根血管。
>
> ——沃尔特·韦尔斯利"红色"史密斯

写书的确就像是"打开一根血管"——这的确是爱的劳动。而且，就像任何一本书一样，任何人是没有办法独自完成它的。我非常感激许多人贡献了他们的才能，让本书从一个想法变成现实。衷心地感谢：

我的个人品牌指导客户，是他们让我陪伴他们一起完成个人品牌发现之旅。

迈克·马洛尼和理查德·车尔尼夫斯基，两个有很好的营销头脑的人，多年以来，我一直很享受和他们奇妙的、有成效的业务关系。非常感谢你们一直以来的支持和个人友谊。

来自全球的、我的优秀的教练和专家团队：

● 美国：梅拉尼·沃陶，感谢她"不缺少奇思异想的"编辑能力和很棒的合作关系。

● 美国：德布拉·法恩、德布拉·格兰迪尼帝、丹·波因特和戴维·格罗夫斯，感谢你们写了建议和培训工作。

● 澳大利亚：杰伊·科顿，感谢他很棒的体系设计、创造性思维、快速工作以及乐观进取的态度。

● 泰国：库尔特·赫克，感谢他一直以来都很有创意的和很棒的摄影。

● 加拿大和印度：吉尔·荣思利和埃里克·麦尔，感谢他们卓越的内部设计和打字排版。

● 美国：写给你的市场公司的格雷厄姆·迪克斯霍恩和邓恩及合伙人设计公司的霍比·霍巴特和凯西·邓恩，感谢他们写了图书封面文字并进行设计。

● 美国：布伦达·布朗（会画画的那个布伦达），感谢她创作了有趣的漫画。

除了那些直接为本书工作的人之外，还有许多人不辞辛劳地为我打气。我衷心地感谢：

丹尼尔，感谢你每一天给我带来的不间断的支持和笑声……我想象不到在生活中还会有比你更好的配偶。

我的母亲，感谢她坚定不移的支持，以及教会我即使在情况艰难的时候也要笑。感谢她年末做了杏仁糖、苹果果酱的惊喜和7月4日的马铃薯沙拉。

凯西、布雷特和克雷格，兄弟姐妹和合伙设计公司非凡的合伙人——我们拥有彼此是多么幸运的事情啊！

丹妮尔，给人帮助的和才华横溢的35岁黑人姑娘，感谢她能让我发笑的不可思议的能力……无论何时，无论何地。

坤·伦旁·潘斯瓦德（马克），我的行政助理，感谢他始终不渝的耐心、信念和"想做"的态度……感谢经常开怀大笑和我分享。

我在痛苦的写作中，品牌发展国际伙伴国际公司的整个团队给机器很好地上油，保证其运行。

朋友、合作者和同事，我在写作中对他们说"不"，而其实我想说的是"是"。请记住，我的精神和你们在一起，尽管我的身体在电脑前，打着字……

我的结果教练导师们，丹尼斯和乔希，他们温柔而坚定的唠叨最终激发我把我的个人品牌系统写在纸上。

感谢我的团队，总是守候着，永远引导着。

"简明扼要，拉尔夫，你知道我们注意力持续时间都很短！"

布伦达·S. 本斯

职业演讲者、培训者和教练

演讲活动。 布伦达·本斯作为演讲者受到欢迎，不仅是因为她的个人品牌和营销的独特方式，同样是因为她热情、幽默和令人愉快的个性。她很受欢迎的关于个人品牌的主旨演讲是吸收了她几十年作为营销者和教练的经验，这帮助受众发现和运用她开创性的个人品牌系统中的核心元素。通过她务实的、不讲废话的谈论个人品牌的方式，布伦达指导了全世界的雇员和雇主在职场中获得更大的成功，实现更好的事业。

培训机会。 对于想要给他们的员工、职员或者团队更直观的打造个人品牌经验的机构，布伦达提供一天或者两天的个人品牌讲习班，手把手地帮助每个参与者走过个人品牌定位报表的发展程序，以及创立参与者自己的个人品牌营销计划。布伦达通过帮助参与者发现常见的个人品牌破坏物来完成她的讲习班——这是他们可能自己犯的个人品牌上的错误，或者是前人曾经犯过的错误。参加布伦达的一个讲习班会让参与者在工作中通过个人品牌的打造，获得清楚和实用的成功配方。

私人管理教练。 对于在发展和传播个人品牌上想要获得一对一的帮助的人，布伦达为全世界各地的首席执行官、高管、高级经理和企业主提供亲身的和电话的指导。布伦达接受过结果专业教练的方法培训，因此她的方法很像在工作中是一个伙伴"和你肩并肩跑步"。在你将个人品牌付诸行动中，给你建议和鼓励。就像私人教练帮助你制定计划要达到预先设定的健康目标，促进你达到这些目标，布伦达和你一起把目标想得更大，然后，帮助你将"大"目标打碎成可以执行的任务，引领你走向成功。

236

要预定布伦达参加你下一场研讨会、大会或者企业内部活动，或者安排教练，请联系：

北美电话（美国芝加哥）：1-312-214-4994
北美传真（美国芝加哥）：1-312-277-9211

亚洲电话（泰国曼谷）：+662-627-9327
亚洲传真（泰国曼谷）：+662-711-9210

给布伦达发电子邮件：
Info@HowYOU™AreLikeShampoo.com 或者
Info@BrendaBence.com
要了解更多关于布伦达的项目、产品和客户，访问她的网站：
www.HowYOU™AreLikeShampoo.com or
www.BrendaBence.com

布伦达很愿意知道这本书如何影响你的事业和生活。想要和布伦达分享个人品牌故事、看法和经验，发送电子邮件至：
Comments@HowYOU™AreLikeShampoo.com